CARL OSKAR RENNER

DAS LUISLE VON MUNDERKINGEN

Herzlichst!
Carl Oskar Renner

CARL OSKAR RENNER

DAS LUISLE VON MUNDERKINGEN

Eine schwäbische Legende

SCHWABENVERLAG OSTFILDERN 1

Umschlagbild: Schwäbische Landschaft.
Gemälde von Hans Dieter (Ausschnitt).
Original im Besitz von Hotel Kleber-Post, Saulgau.

Einbandgestaltung: Hans-Ulrich Feucht

ISBN 3 7966 0540 0

Gesamtherstellung SV-Druck, Ostfildern 1

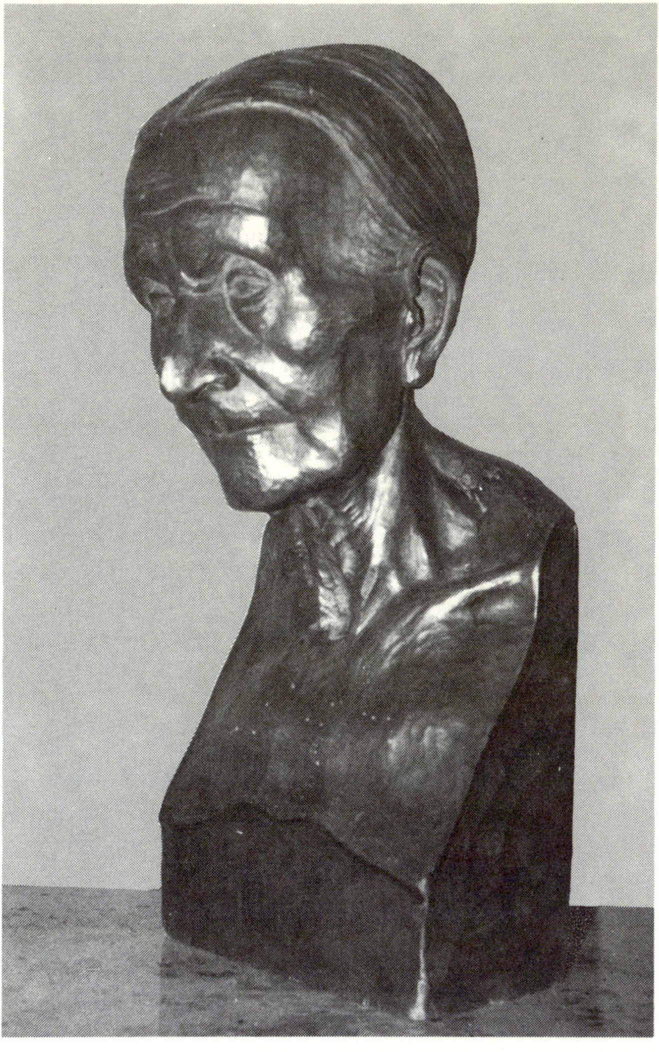

Das Luisle von Munderkingen (Luise John)
Eine Arbeit des Munderkinger Holzbildhauers Abt aus dem Jahre 1922.

Die Legende beansprucht nicht die historische Zuverlässigkeit einer Biographie, aber sie hat in aller Regel einen geschichtlich greifbaren Kern.
Die vorliegende »schwäbische Legende« rankt sich um die Gestalt der Luise John, einer schlichten Frau aus dem Städtchen Munderkingen. Das Wenige, was von ihrem merkwürdigen Leben schriftlich und mündlich überliefert ist, hat der Dichter mit Möglichem und Wahrscheinlichem umgeben. Nur so konnte diese Erzählung entstehen. Manches ist zuverlässig verbürgt, vieles erfunden, was dem »Luisle« und den anderen Figuren zugeschrieben wird.
Sollte trotzdem jemanden die Lust ankommen, Namen, Ereignisse und Zusammenhänge dieses Buches nach ihrem historischen Wahrheitsgehalt zu befragen, so sei ihm freundlichst geraten, von solchem Bemühen Abstand zu nehmen. Es wäre müßig, dort nach Identifizierungen zu suchen, wo allein die Phantasie des Dichters am Werk war. *P. L.*

Von dem königlich-württembergischen Hofbader

Als sich der herzoglich-württembergische Hofbader Joseph John anschickte zu sterben — nach vierundneunzig Lebensjahren war das schließlich nicht mehr zu früh —, ließ er das Luisle, seine achtzehnjährige Enkelin, ans Bett kommen. Er richtete sich noch recht ungezwungen auf und sagte: »Luisle, da schenk ich dir ein Buch, das ich selber geschrieben habe: ein Geheimbuch. Gib acht, daß dir niemand hineinlugt!« Dann drehte er sich zur Wand, nieste ein paarmal und war dann tatsächlich gestorben.

Abends kamen die Leute von Munderkingen zum Rosenkranzbeten ins Haus unten am Haldenweg. Und zwei Tage drauf trugen sie den Bader hinauf zur Kirche und begruben ihn danach im alten Gottesacker. Unter den vielen Trauergästen schritt auch ein königlicher Kammerherr aus Ludwigsburg mit zwei Livrierten. Die trugen einen großen Fichtenkranz mit dem goldenen Dank Seiner Majestät des Königs Wilhelm auf schwarzer Schleife.

Die neun Enkelkinder weinten am Grabe, wie sich's gehört; am bitterlichsten aber weinte das Luisle. Das Luisle war nämlich Großvaters Augäpfelchen gewesen; einmal weil sie sehr klein und so zierlich war wie ein Püppchen, und dann wohl auch, weil sie in die Lateinschule gegangen war und dem alten Herrn als gebildet gegolten hatte, was man übrigens auch daran merkte, daß sie im Umgang mit feinen Leuten immer schön hochdeutsch sprach. Das Leichenmahl hielten sie nach dem Begräbnis im »Ochsen«. So mitten unter dem Essen fragte der Kammerherr Luisles Vater, ob denn der Verstorbene keine schriftlichen Aufzeichnungen hinterlassen habe.

»Aufzeichnungen? Woiß i net! So Schreibereie hot dr Vaddr immer bloß mit'm Luisle ausgmacht.«

Nach dem Leichenschmaus wandte sich der Stuttgarter Höfling mit derselben Frage an das Mädchen.

»Aufzeichnungen? Was hättet Ihr denn gerne gewußt?« erwiderte Luisle, ohne auf die Frage des anderen einzugehen. Darüber war der so erstaunt, daß er eine Weile stockte. Dann fuhr er fort: »Seine Exzellenz von Lehr, Geheimsekretär Ihrer Majestät der Königin, läßt mich die Frage tun!«

Nun verschlug es dem Mädchen die Stimme. Der Kammerherr merkte das, faßte das Luisle leicht unterm Arm und wandte sich mit ihr dem Ausgang der Wirtsstube zu: »Euer Großvater hat doch anno dazumal unseren gottseligen Herzog Friedrich und dessen erste Gemahlin nach Sankt Petersburg begleitet.«

»Stimmt! Zur Frau Zarin Katharina! Er hat mir davon erzählt!« Das Luisle warf diese Bemerkung gleich wie ein Federbällchen hin.

»Seht Ihr, Demoiselle, darum geht es! Hat Euch der Großvater auch erzählt, wie damals die junge Herzogin ums Leben kam?«

Das Luisle schaute den Mann ein bißchen von der Seite an und meinte dann ruhig: »Herr, Ihr könnt der Frau Königin sagen lassen: Alles, was ich darüber weiß, ist nur für ihre Ohren bestimmt!«

Da machte der andere vor dem Mädelchen eine leichte Verneigung; zusammen gingen sie wieder in die Gaststube zurück. — Das war im Mai 1849.

Und anfangs Juli reiste Demoiselle Luise John in einer königlich-württembergischen Karosse von Munderkingen gen Süden.

»Stellet euch vor, 's Haldenluisle! In dr Staatskutsch! Ja sag amol, Alois, wo ischt's denn nagfahre, des Luisle?«

Der Maurermeister Alois John zuckte die Achseln: »Unser Luisle hot halt ihren oigene Kopf! Was die manchmol ausheckt, ischt net leicht zu begreife!«

Da murrten sie untereinander und nannten ihn einen verschlagenen Tropf, der mit seinem Mädle hoch hinauswolle; aber der Hochmut komme stets vor dem Fall ...

Die Karosse fuhr über Biberach und Weingarten nach Lindau. Hier nächtigte man im »Gärtchen auf der Mauer«. Anderen Tags gelangte man über Bregenz und Rheineck nach Rorschach und bog dann kurz vor Horn in eine lange Birkenallee ein, die auf den Bodensee zu führte. Mit einem Male weitete sich die Allee zu einem Rondell, in dessen Mitte die Villa Seefeld lag, der Sommersitz der Königin Pauline von Württemberg. Glänzend weiß leuchtete das vornehme Haus aus einem Bouquet von rosa blühenden Obstbäumen.

Es war früher Nachmittag, und Ihre Majestät geruhten sich in der Gloriette drunten am See für ein Stündchen hingelegt zu haben, mit der Weisung freilich, ihr den erwarteten Gast aus Munderkingen bald zuzuführen.

So trat nun das kleine, feingliederige Haldenluisle, begleitet von Seiner Exzellenz von Lehr, vor die königliche Dame.

»Setz dich zu mir, Kind!«

Und sofort brachte eine Küchenjungfer — oder war's eine Kammerzofe — ein Kännchen würzig duftenden Kaffees daher.

Das Luisle genierte sich nicht und erzählte der hohen Frau ganz ohne Beklemmung von dem Geheimbuche ihres Großvaters und was er über den Tod jener damals vierundzwanzigjährigen Herzogin Auguste von Württemberg darin aufgeschrieben hatte. Das war freilich alles andere als schmeichelhaft, denn diese junge Fürstin hatte zusammen mit der Zarin Katharina ein sehr liederliches Leben geführt, hatte sich aber dann — weil es um den gleichen Liebhaber gegangen war — mit ihr verfeindet und war deshalb vom Petersburger Hof auf ein einsames Schloß nach Reval verbannt worden. Hier waren die unausbleiblichen Folgen dieses Luderlebens offenbar geworden. In einer Nacht hatte die vom Kindbettfieber geschüttelte Auguste ein Starrkrampf befallen, und der Baron Rosen war gewissenlos genug gewesen, die bewußtlose Frau lebendig begraben zu lassen, um so rasch als möglich wieder zur ebenso gewissenlosen Zarin nach Petersburg zu kommen. Und das Luisle schloß den Bericht mit dem Satz: »Ausdrücklich heißt es in Großvaters Geheimbuch, der Prediger habe die Klagelaute der Unglücklichen aus der Gruft heraus gehört, sei aber gehindert worden, diese öffnen zu lassen.«

Königin Pauline und ihr Geheimsekretär waren entsetzt.

»Und das am Ende des aufgeklärten Jahrhunderts!« murmelte der von Lehr vor sich hin.

»Ob das Seine Majestät weiß?« fragte er dann mit einem Blick auf die Königin.

»Von uns soll er's nicht erfahren! Denn wie immer sie auch gelebt haben mag, sie war seine Mutter; und wer von uns ohne Sünde ist, der werfe den ersten Stein! Es muß aber ihre Geschichte einer späteren Zeit überliefert werden.«

Nach diesen Worten wandte sich die Königin wieder dem Mädchen zu: »Warum willst du Uns das Geheimbuch nicht zeigen?«

»So hab ich's dem sterbenden Großvater versprochen!«

»Stehen sonst noch Dinge in dem Buche, die für Uns von Interesse wären?«

»Da steht noch manches drin, hohe Frau, worüber unsereins feuerrot werden könnte im Gesicht.«

»Noch über Herzogin Auguste?«

»Auch! Das meiste aber über ihn selber, ihren Mann, den Herrn Herzog Friedrich. Das muß ein rechter Schweinigel gewesen sein!«

»Wie redest du vom Vater des Königs!«

»Ach Gott, hohe Frau, das tut Euch doch nicht weh und noch weniger Eurem Mann! Denn Euer Mann lebt in der Ehe und hält im großen und ganzen das sechste Gottesgebot; auch hat er Ordnung in seinem Regiment und beschäftigt nicht liebe Jungen als Ratgeber wie sein Vater!«

»Steht das von den ›lieben Jungen‹ auch in dem Geheimbuch?«

»Freilich, Frau Königin! Wie könnt ich's sonst wissen!«

»Du sagtest eben, mein Mann halte das sechste Gottesgebot im großen und ganzen; was heißt: im großen und ganzen?«

»Also das kann ich nicht verstehen! Oder stellt Ihr Euch bloß so? Ihr werdet doch wohl wissen, daß er's mit der Demoiselle Rauch hat, der Rothaarigen von der Komödie. Oder wißt Ihr's nicht?«

Königin Pauline wurde puterrot. Also pfiffen es schon die Provinzspatzen von den Dächern!

Als das Luisle diese Verlegenheit bemerkte, meinte sie beruhigend: »Ach nein, liebe Frau Königin, das sollte Euch keinen Kummer machen! Bedenkt doch, was ihm seine Eltern mitgegeben haben! Da dürft Ihr gottfroh sein, daß es nur die eine ist! Und überhaupt, jetzt kriegt sie sachte einen Speckbuckel. Da wird sich's zwischen den beiden bald ausgeturtelt haben. Dann seid Ihr wieder ganz allein Henne im Korb; glaubt mir's!«

Über diesen treuherzigen Worten des Mädchens traten der Königin Tränen in die Augen: »Wenn du selbst an meiner Stelle wärst, würdest du da auch so voller Verständnis und Vergebung sein?«

Das Mädchen überlegte: »Hohe Frau, das weiß ich nicht. Aber das weiß ich, daß ich beten tät, viel beten für ihn und für mich selber! Denn das Leben, ob es Euer reiches ist oder mein armes, dieses Leben wird immer nur durchs Beten erträglich. Darf ich Euch einen Vorschlag machen?«

Pauline erschrak schier über diese Wendung des Gesprächs, antwortete aber mit einer einladenden Handbewegung.

»Bei uns daheim war's Brauch, daß man nach Einsiedeln wallfahren gegangen ist, wenn einem 's Herz schwer war. Wir zwei könnten doch auch miteinander nach Einsiedeln gehen!«

Die Königin schaute hilflos bald auf ihren Sekretär, bald auf das Luisle. Eine Wallfahrt! Sie, die Lutherische!

»Luisle«, sagte Pauline und erhob sich, »morgen früh reden wir weiter! Öffne heut nacht dein Kammerfenster nicht ganz, denn es streicht eine kühle Luft vom See herüber; die könnte dich krank machen!«

Von dem königlich-württembergischen Hoflampisten

Das Luisle wurde von einer Kammerjungfer ins Schloß geführt. Hier hatte man ihr im Obergaden ein Zimmer gerichtet, wie sie in ihrem Leben noch keins gesehen, geschweige denn bewohnt hatte. Die Wände waren mit weißseidenen Tapeten bespannt, auf denen junge Schäferinnen in Baumschaukeln saßen und von Schäfern angeschubst wurden. Bett, Tisch und Stühle bestanden aus lauter Hirschgeweihen, die kunstvoll ineinander vergabelt waren. Auf der rotgemaserten marmornen Tischplatte lag in silberner Schale kaltes Bratenfleisch mit feingehackten Kräutern; in einer dickbauchigen Kristallglaskaraffe glühte dunkelroter Wein im Schimmer der danebenstehenden Kerze.

Das Mädchen aß mit Behagen, trank aber nicht viel vom Wein, denn der gottselige Großvater hatte immer gesagt, im Wein liege zwar die Wahrheit, aber die Schweinerei liege gleich daneben. Dann lehnte sie sich ans Fenster und schaute in den dunkelnden Garten hinaus. Auf dem breiten Kiesweg vom See herauf kam einer mit einer Leiter und zündete die Gasöllampen an, die inmitten von Heckenrosenbüschen auf gußeisernen Kandelabern standen; feingeschliffene Glasscheiben gaben ihrem Licht einen matten Glanz. Lampe um Lampe leuchtete auf, je mehr sich der Mann dem Schlosse näherte. Jetzt gewahrte das Mädchen, daß der Laternenanzünder noch ein sehr junger Mann war und ein schöner Mann. Und auch er hatte sie gesehen und grüßte mit tiefer Verneigung. Sie nickte ihm zu und schaute ihn an, fast ein bißchen zu lange, wandte sich jedoch dann jäh ab und trat ins Zimmer zurück.

Man müßte einen Lampisten zum Manne kriegen, einen wie den da drunten, der so vornehm gegrüßt hatte! Freilich, nicht alles, was vornehm grüßt, ist anständig. Oft verbirgt sich hinter dem geneigten Kopf der bucklige Teufel. Doch dieser junge Gesell hatte einen so sauberen Blick; der trug bestimmt keine schlechten Gedanken mit sich herum!

Und wieder trat das Luisle ans Fenster, aber ganz sachte.

Doch der andere schien dieses sachte Entgegenkommen erwartet zu haben: Er stand immer noch da, verbeugte sich abermals und warf dem Luisle ein Kußhändchen zu.

Dummer Kerl! dachte sie und errötete im Zurückweichen bis in die Haarwurzeln hinein. Schnell setzte sie sich hin an den Marmortisch und aß wieder von der Bratenplatte. – Denkst wohl, ich will dir was? Bild dir nur ja nix ein!

Da klopfte es an ihrer Zimmertür. Sie sagte »Entrez!«, wie es damals Brauch und Sitte war. Und der junge Lampist stand im Türrahmen. Er verneigte sich wieder so schön und sagte: »Erlaubt Ihr mir, Mamsell, daß ich auch hier die Gasöllampe anzünde? Eure Kerze ist ein gar jämmerliches Armenseelenlicht!«

Er wartete keine Antwort ab, sondern klappte seine Staffelleiter auf, zog die prächtige Leuchte herunter und entbrannte den Röhrendocht mit einem Feuerstein und einem Schwamm. Dann zurrte er die gläsernen Fransen über dem Schirm zurecht; sie waren ein bißchen in Unordnung geraten. Als er wieder herabgestiegen war und sah, wie sich das milde Licht über die feinen Tapeten und das feine Mädchen ergoß, meinte er unbeholfen: »Da haben sie Euch aber ein schönes Zimmer gegeben, Mamsell! Hoffentlich könnt Ihr auch gut schlafen, denn in der großen Bettstatt da liegt meischtens der hochwürdigschte Herr Abt von Sankt Gallen, wenn er zur Fasanenjagd kommt!«

»Wieso sollt ich deswegen net gut schlafe?« entgegnete das Luisle.

»Ich hab bloß g'moint!« antwortete der andere kleinlaut und fuhr fort: »Ambros Voigt, königlich-württembergischer Hoflampist!« Dann machte er wieder seine schöne Verbeugung und ging.

Das Luisle war erregt. Wollte der wirklich etwas von ihr? Freilich wollte er etwas! Diese Lichtanzünderei hatte er doch nur als Vorwand genommen, um bei ihr eintreten zu können! Er wollte auf den Busch klopfen, ob sie vielleicht für ein kleines Abenteuerchen zu haben wär; weil sie ihm aber gleich barsch herausgegeben hatte, war ihm wohl der Mut vergangen und die Einladung in der Kehle steckengeblieben.

Sie ging ein paar Schritte durchs Zimmer.

Nun ja, jedwed Ding hat zwei Seiten; mit diesem barschen Herausgeben wird sie halt nie zu einem anständigen Manne kommen. Die anständigen und die rücksichtsvollen vertragen das Barsche nicht; und die anderen, die wüsten Gesellen, scheren sich nicht drum. Barschheit ist also nicht das Richtige; den Lampisten jedenfalls hatte sie damit verschreckt!

Sie stieg auf einen Stuhl, dann auf den Tisch und blies das eben erst angezündete Gaslicht wieder aus; die Kerze genügte. Darauf entnahm sie ihrem Handbeutelchen ein Päckchen mit 32 Spielkarten, setzte sich auf den Teppich und legte die Karten aufgedeckt vor sich hin – genauso, wie sie es bei der steinalten Bussen-Hanne hinter dem heiligen Schwabenberge gelernt hatte: acht Karten in eine Reihe, vier Reihen untereinander. Das dürfe man, hatte die Hanne gesagt, freilich nicht oft machen, sondern nur, wenn es um ein wichtiges Vorhaben gehe. Nun, jetzt ging es um ein solches: Luisle wollte wissen, ob ihr der Lampist bestimmt sei. Danach konnte sie dann ihr künftiges Verhalten ihm gegenüber einrichten. Freilich wußte sie, daß die hochwürdigen Herren gegen das Kartenlegen von der Kanzel herunter gepredigt hatten. Noch klangen ihr die grimmigen Donnerworte des Kapuzinerpaters Bonifaz von der letzten Volksmission in den Ohren. Indes, sie wollte es ja nur ein bißchen probieren . . .

Bedachtsam legte sie Karte um Karte.

Durchs offene Fenster hörte sie im Park draußen die Grillen zirpen. Nein, das war schon kein Zirpen mehr, das war ein Schmettern. Da fiel dem Luisle ein, was die Frau Königin gesagt hatte; also erhob sie sich vom Teppich und schloß das Fenster. Weiß Gott, da stand doch der Lampist wieder unten und winkte und warf eine Kußhand! Sie winkte zurück und warf ihm auch ein Kußhändchen zu, bereute aber gleich, es getan zu haben; denn noch hatte sie sich die Karten nicht geschlagen. Geräuschvoll zog sie den schweren Vorhang zu, nahm die Kerze vom Marmortisch und hockte sich wieder zu ihren ausgelegten Karten. Lieber Herrgott, gib mir ein Zeichen!

Dann schaute sie. Da lag die Herzdame, also ihre eigene Karte, als zweites Blatt am Anfang der zweiten Reihe.

Das war ein gutes Zeichen: es bedeutete langes Leben. Aber, aber! Neben ihrer Karte drohten die unheilvollen: das Kreuz-As, die Kreuz-Sieben und das Pik-As! Diese Zusammenstellung hieß: Du hörst von einem Todesfall! ...

Um ein Zeichen hatte das Luisle gebeten — war das eins? Und wenn das keins war, welches andere konnte sie noch erwarten?

Sie kniete sich auf den rotsamtenen Betschemel hin, in welchen die Knie des gewichtigen Herrn Abtes von Sankt Gallen schon tiefe Dellen eingedrückt hatten, faltete die kleinen Hände und fing mit eigenen Worten laut zu beten an: »Lieber Herrgott, soll er denn wirklich so über kurz oder lang weg müssen? Jetzt, wo ich gedacht hab, er könnt mir beschieden sein? Hab halt ein Einsehn mit mir armem Mädle und laß es nicht zutreffen! Weißt's ja selber, wie hart sich unsereiner tut in der Welt, so allein! Wenn's aber trotzdem sein muß, dann gib ihm ein schönes Ende und mir einen guten Trost! Amen.«

Dann legte sie sich nieder, fand aber lange keinen Schlaf. Und als sie endlich einzuschlummern begann, zogen unten am See ein paar Fischerboote vorüber, und die Männer schrien einander zu.

Wie gerädert wachte sie am anderen Morgen auf. Die Schicksalskarte lag immer noch auf dem Teppich. Luisle trat jetzt mit den Füßen darauf und murmelte: »Nie wieder werde ich mir die Karten schlagen!« Und als sie den Vorhang aufzog und das Fenster auftat, stand der junge Mann wieder unten am Kieswege und grüßte zu ihr herauf. Jetzt empfand sie fast Mitleid mit ihm. Sie erwiderte seinen Gruß mit freundlichem Lächeln und winkte dabei ein bißchen mit der Hand. Da strahlte er, und das Herz ging ihm auf, denn dieses zarte, lächelnde Gesicht verhieß ihm — so schien es — die nahende Erfüllung.

»Mamsell«, sagte er herauf, »wie lang werdet Ihr bei uns bleibe?«

Sie lehnte sich leicht hinaus und entgegnete: »Kann's Euch net sage, weil's ganz und gar von dr Frau Königin abhängt. Solang sie mi brauche ka, bleib i da.«

»Mir sind fei Landsleut, mir zwoi!« sprach er weiter. »I komm nämlich von Saulgau, und Ihr seid von Munderkinge!«

»Wißt Ihr des scho?«

»Warum net, Mamsell, wo Ihr mir doch so gfallet!«

Darauf antwortete sie nichts, sondern winkte kurz und trat vom Fenster zurück.

Da kam auch schon die Kammerjungfer und brachte ihr eine heiße Milch, dazu Brot und Käse. Beim Hinstellen des kostbaren Tafelgeschirrs sagte sie, daß Seine Exzellenz, der Herr Geheimsekretär, gleich nach dem Frühstück mit der Demoiselle zu sprechen wünsche.

Geheimsekretär? Ah, das ist wohl der, welcher gestern mit bei der Frau Königin gesessen war und immer so dumm dreingeschaut hatte! Was wollte er eigentlich? Großvaters Buch? Da konnte er lange warten! Oder wollte er sie aushorchen über den Herrn König? Über den Herrn König und über das, was er treibt drüben in der Villa Monrepos am Genfer See, wird sie nur mit seiner Frau reden; denn die Gabe des Wachträumens ist ihr nicht verliehen worden, um hinterlistige Neugierde zu befriedigen, sondern um zu helfen, wenn's not tut!

Von einer seltsamen Wallfahrt

Baron von Lehr, der Geheimsekretär Ihrer Majestät, hatte sich noch während der Nacht mit dem diensttuenden Kammerherrn, Freiherrn von Holtz, und der von Pauline bevorzugten Hofdame, Fräulein von Seckendorff, eingehend über die mögliche Wallfahrt der Königin unterhalten. Der Freiherr hatte ihm Vorhaltungen gemacht, denn letzten Endes sei er schuld daran, daß sich diese indiskutable Person auf Schloß Seefeld befände. Der Baron hatte sich gewehrt und zu bedenken gegeben, daß durch ebendiese Person ein dunkles Kapitel württembergischer Geschichte aufgehellt werden könnte; ein paar Unannehmlichkeiten dürfe man da ruhig mit in Kauf nehmen.

Jetzt trat Luise John in das große, von der Morgensonne durchleuchtete Zimmer des Herrn von Lehr ein. Kaum hatte der Türhüter hinter ihr geschlossen, wandte sie sich gegen die spanische Wand hin, die vor dem Kamin stand, und sagte laut: »Hohe Frau Königin, ich hab doch kein Geheimnis! Und hätt ich eins, tät ich's eher Euch als dem Herrn da sagen!«

Da trat Pauline hinter dem Paravent hervor und setzte sich, auf den Wangen leicht errötet, an den wuchtigen Arbeitstisch des Barons. Das Luisle ging ganz nahe zu ihr hin und meinte: »Ihr werdet Euch doch nicht genieren vor den Herren, die nicht wollen, daß Ihr auf Wallfahrt geht! Laßt sie ruhig reden! In acht Tagen ist alles vorbei, und Ihr seid wieder ganz still da drinnen in der Brust.«

Die Königin schaute ihren Sekretär an, und beiden war, als müßten sie vor diesem Naturkind kapitulieren. Obwohl doch noch nichts beschlossen worden war, sah es aus, als hätte sie jemand geheißen, unverzüglich mit den Vorbereitungen zu beginnen, um die Wallfahrt morgen oder spätestens übermorgen anzutreten. Herr von Lehr redete jetzt nicht — so wie er es vorgehabt — von den unüberwindlichen Schwierigkeiten in puncto Verpflegung und Unterkunft, sondern fragte, wie viele Stunden zu Fuß Ihre Majestät sich zumute; denn nur wenn man das wisse, könne man die Dauer der Reise, die Menge des mitzunehmenden Proviants sowie die erforderliche Dienerschaft kalkulieren. Darauf antwortete die Königin mit einer Bereitschaft, als hätte sie die Wallfahrt schon seit langem geplant, sie gedenke täglich drei Stunden zu gehen; was aber die Begleitung beträfe, möge man sich auf das geringste Aufgebot beschränken, so wie es etwa einer besseren Bürgersfrau zustünde. Ihr Inkognito müsse nämlich unbedingt gewahrt werden!

Auf die weitere Bemerkung des Barons, daß Graf Mülinen, der Stallmeister, gerne gewußt hätte, ob Ihre Majestät den Vierer- oder Sechserzug wünsche, wies Pauline lächelnd auf ihr Inkognito hin und meinte, man werde um so sicherer und unbeachteter durch die Schweizer Berge fahren, je weniger Aufhebens man mache.

Schließlich glaubte der von Lehr noch erwähnen zu müssen, daß Seine Exzellenz, der Herr Oberhofmeister Freiherr von Gemmingen, jede Verantwortung ablehne, wenn die Reise zustande käme. Da fiel ihm aber das Luisle in die Rede: »Sagt ihm doch, wenn's beliebt, daß wir beide auch für ihn beten werden, besonders aber für sein Töchterle, damit ihr der liebe Herrgott die französische Krankheit wieder abnimmt!«

Über dieses Wort waren Königin und Sekretär wie vom Blitz angerührt: Was ist es mit diesem Mädchen? Welche Kräfte wirken in ihr? Ist es ein Überwissen oder pure Dreistigkeit? Und wie muß man am End zu ihr stehen: Soll man sie achten oder fürchten?

Gleich als hätte sie die Fragen in den Augen der beiden gelesen, antwortete das Luisle: »Bin bloß ein armes Mädle aus Munderkingen . . . !«

An diesem und dem nächsten Tage lag es zu Seefeld wie ein unausgesprochener, dennoch aber gegebener Befehl in der Luft, alle Vorbereitungen für den harmonischen Ablauf der königlichen Wallfahrt nach Einsiedeln zu treffen. Drei Wagen wurden gerichtet: für Ihre Majestät und das seltsame Mädchen der eine; der zweite für den Stallmeister und geheimen Sekretär; im dritten sollten aus Gründen der Sicherheit vier handfeste Trabanten mitfahren, die immer, wenn die beiden Wallfahrerinnen zu Fuß gingen, in respektvoller Entfernung vor und hinter ihnen das Gelände abzuspüren hatten.

Im Morgengrauen des 10. Juli 1849 bogen die Wagen — von je zwei Kutschern gelenkt — in das Tal der Goldach ein. Der Weg stieg an. Auf der Höhe von Vorderhof ließ man halten.

Der erste Abschnitt der Wallfahrt begann.

Wie Mutter und Tochter schritten die Frauen nebeneinander her, beide im hausgemachten Wiflingrock und roten Strümpfen, mit Pauschmieder und engem Halskoller, auf dem Kopfe die radförmige »Gimpenhaube«.

Zuerst sprach das Luisle ein Morgengebet und empfahl die Reise dem heiligen Erzengel Raphael, bat auch um Gottes Segen für das Herrscherhaus, für König und Königin, für den Kronprinzen Carl und die Prinzessinnen Catharina und Augusta. Mit vor Ergriffenheit zitternder Stimme flehte nun auch Pauline für ihren Sohn, daß ihm die Ehe mit der russischen Olga, der Zarentochter, doch noch geraten möge, denn er sei ehrlich bestrebt, die eigenartigen Launen der jungen Großfürstin zu ertragen, nur solle sie ihm wenigstens ein bißchen entgegenkommen; er verliere ja sonst alle Selbstachtung.

Nach dem Gebet unterhielten sich die beiden über den Kronprinzen und seine leidige Ehe, und es war ein ganz und gar lauteres Gespräch, ohne Scheu und Hinterhalt, so als hätten sie seit eh und je vertraulichen Umgang miteinander gepflogen. Dabei brachte die Königin ihre reichere Lebenserfahrung mit ein, die Demoiselle aber ihr hintergründiges Wissen und Ahnen. In gelöster Offenheit floß ihre Rede dahin; sie stellten einander keine Fragen, sondern antworteten nur aus der inneren Fülle, die eine aus dem Reichtum ihres Schicksals, die andere aus dem Reichtum ihres Herzens.

Als sie den Hang des Goggeien hinaufzogen, merkte das

Luisle, daß ihre Gefährtin hart atmete. Sie winkte hinter sich, und alsbald fuhr der Wagen heran.

Zu Mittag waren sie in Sankt Gallen. Im Löchlibad beim »Löwen« hatte der vorausgefahrene Herr von Lehr das Essen bestellen lassen, karg und doch gut, so wie es die Art der Schweizer war. Danach gingen sie in die leere, kühle Stiftskirche, beteten still und bewunderten auch noch die guten Freskengemälde an der Decke.

Über Gossau und Bischofszell gelangten sie gegen Abend nach Weinfelden, wo sie in einer Villa am Hang des rebenbepflanzten Ottenberges zur Nacht verweilten. Als der Sekretär am anderen Morgen bei der Königin zur Entgegennahme allerhöchster Befehle erschien, wurde er ohne jeglichen Auftrag bald wieder verabschiedet. Dafür ließ die hohe Frau das Luisle kommen. Sie sprachen miteinander das kurze Morgengebet des heiligen Franz von Sales und schlugen dann die Bibel auf. Der heutige Wallfahrtstag sollte geistlicher Betrachtung gewidmet sein. So erzählte denn Luisle die Parabel vom verlorenen Sohn, während die Königin danach die vom barmherzigen Samariter vorlas. Über diese beiden Gleichnisse unseres Herrn wollten sie im Dahingehen je eine Stunde Betrachtungen anstellen und anschließend in gemeinsamem Gespräch eine persönliche Nutzanwendung erwägen.

Dann fuhr man los.

Ehe die drei Wagen vor Wigoldingen auf die alte Römerstraße kamen, stiegen die Frauen aus und wanderten betrachtend dahin. Der stille Wald, der sich im Verströmen seines Duftes der lieben Frühsonne öffnete, war so recht angetan, die biblischen Gestalten vor ihren Augen erstehen zu lassen. Da marschierte der verlorene Sohn als ein galanter Stutzer des gleichen Weges dahin, ebenso wie jener Mann, der von Jerusalem nach Jericho ging und unter die Räuber fiel. Da traten die Versuchungen dort aus den saftgrünen Wiesen wie schleiertanzende Mädchen hervor und bedrängten den jungen Mann, während Jahwes Priester und Levit daherstolzierten wie aufgeblasene Göckel. Da kauerte sich der ernüchterte Sohn an jenen Feldstadel hin und sah den fressenden Schweinen zu, von deren Trebern er in seinem Hunger gern gegessen hätte, doch niemand bot sie ihm an; da nahte der Barmherzige aus Samaria auf seinem Reittier und stieg ab und goß Wein und Öl in die Wunden des Wandersmannes, der hinter dem Gebüsch dort langsam zu verbluten drohte.

»Wir nehmen uns viel zuwenig unserer leidenden Mitmenschen an«, sagte Pauline, »und bedenken nicht, daß es nicht unser Verdienst ist, wenn wir von ihrem Schicksal verschont geblieben sind.«

Antwortete das Luisle: »Allen können wir freilich nicht helfen, aber wir sollten sie uns nicht aussuchen, sondern sie annehmen, wie der liebe Gott sie uns übern Weg schickt.«

»Warum mag es wohl Versuchungen und Leid geben?« sinnierte die hohe Frau weiter.

»Ach, liebe Frau Königin«, erwiderte die andere treuherzig, »auf die Frage hat ja selbst der Herr Jesus keine Antwort gewußt, sonst hätt er am Kreuz nicht gerufen: ›Mein Gott, warum hast du mich verlassen?‹« —

Gegen Mittag fuhren sie zum Tor von Frauenfeld ein. Pauline hatte sich dagegen verwahrt, auf dem Schloß das Dejeuner einzunehmen, weil sie um das Inkognito besorgt war. So setzte man sich nach dem Essen nur für eine Weile auf dem efeubewachsenen Felsen im Schloßgarten hin, war man doch fast drei Stunden auf den Beinen gewesen. Das tat wohl.

Der »Goldene Adler« in Winterthur nahm die Reisegesellschaft zur Nacht auf. Hier legte sich der Herr von Lehr, der auch die Pflichten eines Reisemarschalls wahrnahm, mit dem Hotelier an, weil der auf geradezu unverschämte Weise für ein Zimmer mit Souper und Wein neuneinhalb Franken verlangte; soviel zahle man nicht einmal im Hotel Bellevue au Lac in Zürich. Weil jedoch der Mann Miene machte, einen Garçon auf die nahe Hauptwache zu schicken, einigten sie sich auf neun Franken. Dafür stiftete aber der Patron einen Küchenjungen an, während des Abendessens aus den drei Wagen den größten Teil des mitgeführten Hafers zu entwenden. Das führte zwar am anderen Morgen abermals zu einer harten Auseinandersetzung, weil der Patron alles ableugnete; und der Sekretär zog wiederum den kürzeren — wegen der Hauptwache. Den letzten Trumpf an Boshaftigkeit aber spielte schließlich ein Roßknecht aus, indem er kurz vor dem Aufbruch unbemerkt an die Türklinke des Chefzimmers eine Handvoll Wagenschmiere strich und auch sonst noch etliche Türen herzhaft bekleisterte. Es hat später einer stundenlangen Waschung bedurft, ehe die feine, blasse Hand des Herrn wieder zum Vorschein kam, nicht zu reden von den Damen, die in den einzelnen Gästezimmern weilten und an den blütenweißen Manschetten ihrer Blusen übel bedreckt waren.

An diesem dritten Tage wollte man Rapperswyl erreichen und darum ein zügiges Tempo vorlegen. Darum auch war den Wallfahrerinnen nur eine knappe Stunde zu Fuß vergönnt. Dabei betete jede still für sich und empfahl dem lieben Herrgott die persönlichen Anliegen. Als sie dann wieder im Wagen saßen, redeten sie darüber sehr vertraulich.

»Es ist hart«, meinte die Königin, »wenn man als junges Ding einen um zwanzig Jahre älteren Mann heiraten muß, ihm und dem Lande nach hundertfünfunddreißig Jahren endlich wieder einen Thronfolger schenkt und noch zwei Prinzessinnen dazu, und am Ende einer Komödiantin weichen muß. Man ist halt verbraucht und erleidet das Los eines Wischfetzens, nur weil man nicht mehr die Haut einer Zwanzigjährigen hat!«

Diese Worte klangen bitter, und Luise John empfand Mitleid: »Hohe Frau, Ihr solltet nicht hadern! Wenn ich mich umseh bei uns daheim, dann geht's gar vielen Weibern so, und ich überleg mir's hin und her, ob ich, wenn mich einer haben möcht, überhaupt heiraten sollt.«

»Solltest schon, Mädle! Denn die überzeitlichen Jungfern verbittern meistens sich selber das Leben und auch den anderen.«

Da erzählte nun das Luisle von dem Lampisten, daß er sie so schön gegrüßt habe, daß er so freundlich gewesen sei, als er auf ihr Zimmer gekommen war, und daß sie halt gar nicht wisse, ob sie das ernst nehmen dürfe; denn schließlich sei er ein wohlbestallter junger Mann, sie aber nur ein armes, unscheinbares Mädle.

»Geht das so rasch in Munderkingen?« fragte lächelnd die Königin, meinte aber dann ganz ernst, das Luisle solle sich wegen ihrer Armut keinen Kummer machen. Denn wenn sie mit dem Lampisten, der übrigens ein sehr braver Bursch sei, dereinst zusammenkäme, werde sie selbst, die Königin, für ihre Aussteuer und Mitgift Sorge tragen.

»So lieb seid Ihr zu mir, hohe Frau!« erwiderte das Luisle voller Glück und fuhr fort: »Dann will auch ich mich um Euch bekümmern und die Mademoiselle Rauch beim Herrn König ausladen. Gebt mir einen Wagen bis Lausanne, das andere mach ich dann schon!«

»Woher weißt du denn, daß der König in Lausanne ist?«

»Hohe Frau, schon als ich noch ein kleines Kind war, hab ich manches gesehen und gehört, was andere Leut nicht gesehen und gehört haben; das ist halt so!« Bei diesen Worten zuckte das Luisle die Schultern. –

In Rapperswyl kamen sie im Hotel »Schwan« unter.

Anderen Tags nahmen sie sich einen Lotsen und ließen sich auf der anderthalb Kilometer langen Brücke, die auf hundertachtzig dreifachen Eichenpfeilern ruhte, auf die andere Seite des Züricher Sees führen. Den Pferden mußten Scheuklappen über die Augen gestülpt werden, denn die Brücke war nur vier Meter breit und hatte kein Geländer. Als sie beim Dorfe Hurden die in den See vorgeschobene Landzunge erreicht hatten, wurde der Lotse entlohnt. Darauf begann der Weg ständig anzusteigen, vorbei am Etzel. Bei der Teufelsbrücke, die über die Sihl führt, trat Herr von Lehr an den Wagen der Königin und erlaubte sich, darauf hinzuweisen, daß hier in nächster Nähe der berühmte Theophrastus Paracelsus von Hohenheim gehaust habe. Dem Luisle besagte diese Bemerkung natürlich nichts; aber auch Pauline war darüber nicht sonderlich angetan. Jetzt, kurz vor dem ehrwürdigen Heiligtum Einsiedeln, hatten die Frauen andere Gedanken: Sie wollten sich sammeln, wollten innere Einkehr halten und vor allem viel beten. Denn was nützte alle Geschäftigkeit des flüchtigen Alltags, was alles Forschen und Wissen, was alles Kümmern und Sorgen, Mühen und Plagen in der schnell verrinnenden Zeit, wenn man den Bezug zu dem verlor, der einem Tag und Stunde geschenkt hatte!

Dann waren sie am Ziel: Einsiedeln.

Im Hotel »Zur hl. Catharina« kehrten sie ein, richteten sich ein wenig her, denn die Straßen und Wege waren voller Staub gewesen, und begaben sich alsbald zum schwarzen Marmorbrunnen, um von seinem heilkräftigen Wasser zu trinken. An den Standbildern der beiden großen Kaiser Otto und Heinrich vorbei, gelangten sie zur Höhe und betraten andächtig das in Gold und Marmor leuchtende Haus Gottes. Vor der schwarzen Madonna, die mit glänzendem Gewand behangen, mit güldenen Kronen und edlen Steinen geziert war, knieten sie hin. In dieser seligen Stunde war von ihnen alles abgetan, was Last und Bürde hieß. Zwei Frauen redeten mit einer heiligen Frau ...

Ringsherum knieten viele andere Wallfahrer aus Schwaben und Bayern, vom Schwarzwald, aus dem Elsaß, aus

Lothringen und aus ferneren Ländern. Meist war es ein armes, dürftiges Volk, das da kniete, darunter viele, die von reichen Prassern, von herrschaftlichen Bösewichten, galanten Nichtsnutzen und anderen bequemen Sündern für eine »Bittfahrt zu Unserer Lieben Frau zu Einsiedeln« gedungen und bezahlt worden waren.

In der vierten Nachmittagsstunde zog der noch junge Abt des weiten Klosters, Heinrich IV. Schmid, den sie auch »Fürst von Einsiedeln« nannten, in prunkvollem Ornat und mit großer Assistenz in die Kirche ein, betete laut mit dem gläubigen Volk und erteilte dann den Segen. Rauschendes Orgelspiel begleitete seinen Auszug, und schwere Weihrauchschwaden schwebten durchs ganze Kirchenschiff.

Von der schönen Almaray von Rauch

»Tu ihr aber bitte kein Leid an!«

Mit diesen Worten verabschiedete Königin Pauline von Württemberg die Jungfer Luise John, als diese im Wagen, von einem königlichen Kammerdiener begleitet, nach Lausanne aufbrach. Es war der 22. Juli, Fest der heiligen Maria Magdalena.

Die hohe Frau hatte in den Tagen des Gebets und der inneren Einkehr zu Einsiedeln Abstand gewonnen von der leidigen Geschichte ihres Gemahls und der Demoiselle Rauch. Fast hätte sie sich sogar noch gegen Luisens Reise ausgesprochen, wußte man doch, daß die Munderkinger, wie überhaupt die Leute der fünf Donaustädte, voll hexerischen Geistes waren; nicht ohne Grund hatte der Magistrat zu Saulgau bis vor etlichen Jahrzehnten noch Hexen in hellen Scharen verbrannt. Deshalb hegte Pauline Befürchtungen. Herr von Lehr war jedoch der Meinung gewesen, die Jungfer ziehen zu lassen — schon im Interesse des Seelenfriedens Ihrer Majestät. Er hatte nämlich angeordnet, daß weder der Kammerdiener noch die zwei Kutscher die Wege der Munderkingerin in Lausanne zu verfolgen hätten. Käme dann etwas Unschickliches heraus, müßte die Jungfer die Konsequenzen ganz allein tragen. Darum sollte sie auch nicht im gleichen Hotel untergebracht werden wie der Wagen und die Begleitung. Mit einem Wort, sie sollte in Lausanne ganz allein auf sich gestellt sein.

Luisle wußte das. So unterhielt sie sich denn auch mit dem alten Kammerdiener Gustav, der ihr Großvater hätte sein können, sehr angeregt über die Eindrücke, die die Fahrt bot, mit keiner Silbe jedoch über Sinn und Zweck der langen Reise. Gustav, den man oberflächlich davon unterrichtet hatte, fragte sich hinter seinen weißen buschigen Augenbrauen immer wieder, woher ein so zierliches Frauchen den Mut und die Kraft zu einem solchen Vorhaben nehme. Und wenn ihn auch das Ganze letzten Endes nichts anging, so wollte ihn das Schicksal der Kleinen dennoch nicht gleichgültig lassen. Deshalb war er unterwegs stets um ein ordentliches Quartier für sie besorgt und wachte eifrig darüber, daß ihr keine zwielichtigen Kerle zu nahe kämen, denn für lockere Galgenvögel wäre sie ein schmackhafter Bissen gewesen.

Schließlich fuhren sie nach Tagen auf der Route de Berne in Lausanne ein. Luise bat den Gustav, sie in der Nähe des Theaters in einer kleinen Pension unterzubringen; zugleich erklärte sie ihm bündig, daß man in der Frühe des übernächsten Tages die Heimreise antreten könne. Darüber war der Kammerdiener sehr erstaunt, wagte aber keine Frage zu stellen. Als sie nun in die Avenue du Théâtre einbogen, lag tatsächlich gleich linker Hand neben dem Schauspielhaus, unter hohe Akazien hingekuschelt, die Pension »Belle fontaine«. Sie stiegen ab, Gustav verhandelte mit dem Patron, und das Luisle bezog im ersten Stock ein wohlgeordnetes Zimmer, dessen Fenster den Blick freigaben zum Bühneneingang jenseits der Ligusterhecke.

Das Mädchen kleidete sich um. Dann brachte man ihr das Souper aufs Zimmer; ein Drittel davon hätte gereicht, sie übersatt zu machen.

Als der Garçon abserviert hatte, verließ sie, eingehüllt in ein dickes Dreieckstuch, die Pension und ging in die Dämmerung hinaus. Sie kam am Theater vorüber und las in einem großen Glaskasten an der Treppenwand einen Programmzettel in deutscher Sprache: »Heute abend erlaubt sich das Ensemble von Zürich einzuladen zu dem illustren Schauspiel ›Minna von Barnhelm‹ des einst gefeierten Poeten, Monsieur Gotthold Ephraim Lessing. Als Gast in der Titelrolle können Sie sehen — eine einmalige Occasion — Mademoiselle Almaray von Rauch des königlich-württembergischen Hofschauspiels zu Stuttgart.«

Luise John ging um das Schauspielhaus herum und wandte sich dem weiten dahinterliegenden Park zu. Hier war gerade einer dabei, die Lampen anzuzünden. — »Ob ich's wagen soll?« dachte das Mädchen und sah den jungen Lampisten von Seefeld vor sich, der so liebenswürdig gegrüßt hatte. Dann aber wischte sie den Gedanken weg, denn eben fuhr eine vornehme Kutsche vor den Bühneneingang. Ihr entstieg in rauschendem Seidenkleid eine fast dreißigjährige schöne Dame und trippelte behend die steinernen Stufen empor. Und schon war sie hinter der metallenen Tür verschwunden.

Vorne beim Hauptportal versammelte und drängelte sich bereits die Hautevolee, um bewundert zu werden und zu bewundern. Da standen sie da, die Frauen mit dem Kapotthut und der spitzenreichen Merveilleuse und drehten sich nach rechts und links wie die Pfauen; die Männer stolzierten in Frack und Zylinder auf und ab wie pflichtbewußte Göckel am angestammten Misthaufen. Zwischenhinein kamen Kutschen angefahren.

Kurz vor Beginn der Aufführung trabte der Viererzug des württembergischen Königs Wilhelm daher. Auf ihn hatten alle gewartet. Jetzt verneigten sie sich mit Katzenbuckeln und machten Knickse und Kratzfüße zum Erbarmen. Seine Majestät wandte das unbehaarte Haupt dankend nach hierhin und dorthin und versuchte, durch Zurücknahme der Schultern den etwas ungestalten Bauch an sich zu halten.

»Quel âge a-t-il?« (Wie alt ist er?) fragte da einer den anderen ins Ohr.

Der erwiderte hinter der hohlen Hand: »Soixante-huit! Un singe trop vieux pour la chatte charmante!« (Achtundsechzig! Für das charmante Kätzchen ein viel zu alter Affe!)

Im Hineingehen gesellte sich zu den zweien ein Dritter, der wissen wollte, daß sich das königliche Verhältnis in der Auflösung befände und die Komödiantin bereits um ihre Stellung kämpfte. Genaueres freilich wüßte man nicht.

Dann war man im weithin düsteren Saale des feinen Hauses, wo es nach französischen Parfümen duftete.

Es war nicht zu leugnen, daß die Rauch in ihrer Rolle hohe Kunst zu entfalten wußte, namentlich im Dialog des zweiten Aufzugs, wo sie an ihren Partner die Fragen richtete: »Wenn ich Ihr Herz verloren habe, was liegt daran, ob mich Gleichgültigkeit oder mächtigere Reize darum gebracht? Sie lieben mich nicht mehr und lieben auch keine andere? — Unglücklicher Mann, wenn Sie gar nichts lieben!«

Bei diesen Worten war es, als liefe ein leises Knistern durch den Saal. Die drei steckten abermals ihre Köpfe zusammen, und einer meinte: »Voilà, le scandal est parfait!« (Der Skandal ist perfekt!) Und sogleich erhob sich ein mächtiger Szenenapplaus.

Nein, perfekt war er noch nicht, aber er wurde es eben

jetzt; denn König Wilhelm stand in seiner Loge auf und verließ das Haus.

Lustlos und gequält wurde das Schauspiel zu Ende geführt. Dies um so mehr, als die Zuschauer nur mit halbem Herzen dabei waren. Der Abgang des Königs löste ein so allgemeines Wispern und Tuscheln aus, daß der Spielleiter mitten im dritten Akt vortreten und um Rücksichtnahme bitten mußte.

Als der letzte Vorhang gefallen war, strömte alles Volk Hals über Kopf aus dem Theater. Nur ein paar Unbeirrbare klatschten Beifall, hörten aber auf, als sie sahen, daß sie sich lächerlich machten. Hinter der Bühne jedoch gab es Wutausbrüche und dramatisches Heulen und Klagen. Das Züricher Ensemble wälzte alle Schuld auf Mademoiselle Rauch, und der Direktor warf ihr den Blumenstrauß, den er am Proszenium hatte überreichen wollen, in der Kabine erbarmungslos vor die Füße.

Tief gekränkt und im Zorn erblaßt eilte die Geschmähte zum Bühnenausgang, wo neben der Kutsche ein paar Neugierige warteten, unter ihnen auch das Luisle. War es nun die Erregung oder war es das am eisernen Treppengeländer hängengebliebene feinseidene Rüschenkleid oder war es gar irgendein lähmender Blick — die Schauspielerin verlor das Gleichgewicht und stürzte mit einem grandiosen Medea-Schrei über die steinernen Stufen hinab. Unten blieb sie regungslos liegen. Bald kamen etliche Theaterdiener herbeigeeilt und hoben sie behutsam in die Kutsche.

»A l'hospital!« rief einer dem verdrossen dreinschauenden Kutscher zu, und der Wagen fuhr stadteinwärts.

Das Luisle ging heim. Als sie die drei Stufen zur Haustür ihrer Pension hinanschritt und sich beim Aufsperren kurz umdrehte, merkte sie, daß jenseits der Avenue hinter einem Strauch der Gustav stand. Er hatte ihre Rückkehr abgewartet; jetzt schlich er weg.

Guter Alter! sagte das Mädchen und lächelte still in sich hinein.

In strahlendem Blau ging der nächste Morgen auf. Luisle nahm nach dem Frühstück ihren Handbeutel und eilte dem Stadtinneren zu. Sie stieg die hundertsechzig Stufen zur Kathedrale empor und betrat den strengen gotischen Raum, den vormaleinst Papst Gregor und Kaiser Rudolph von Habsburg gemeinsam eingeweiht hatten. Im Säulenhalbrund des Chores kniete sie hin und betete für die Königin. Eine knappe Stunde später stand sie an der Pforte des Spitals, das unweit der Kathedrale als ein mächtiger Hufeisenbau angelegt war, und nach wenigen Minuten öffnete man ihr die Tür zum Zimmer der Demoiselle von Rauch.

Die Arme lag auf ihrem Bett und weinte vor Schmerz und Enttäuschung zugleich, denn der Arzt hatte ihr noch während der Nacht erklärt, der Knöchelbruch sei derart kompliziert, daß dadurch wohl für alle Zukunft der aufrechte Gang etwas beeinträchtigt werden würde. Was ist aber eine hinkende Schauspielerin wert!

Das Luisle sagte kein Wort, sondern kramte aus ihrem Beutel eine Kerze hervor, zündete sie an und stellte sie auf den Fußboden vor sich hin, dazu ein »Blütle« von Einsiedeln, ein Andachtsbildchen Unserer Lieben Frau. Dann kniete sie nieder, nahm das Betbuch und sprach laut das alte Bittgebet zur Muttergottes von Einsiedeln:

»O Hoch-wunderthätige Gottes Gebährerin / Jungfrau Maria! du gläntzender Meerstern / du Heyl der Sünderen; was grosse Gnaden / und unaußsprechliche Wunder-Zeichen würckest du bey deiner Gnadenreichen Bildnuß zu Einsidlen! O wie hertzlich wünsche ich dir alle Ehr / Glory / Lob und Preyß / so an disem hochheiligen Orth von allen Pilgeren und Wallfahrteren dir erwisen werden / Wann dann / O gütige / O milte / O liebliche Jungfrau / du keinen Pilger / oder armen Sünder / so groß er

sey / der dich allda besucht / ohne Hilff und Trost lassest hinweg ziehen / ach! wie könte es dann dein liebreiches Mütterliches Hertz ertragen / mich vor deiner Bildnuß / in diser meiner Noth und Gefahr / in den Ungnaden / Zorn / und Straff Gottes stecken / und zu Grund gehen lassen? O getreue Fürbitterin! Es ist nicht außzusprechen / wie du in disem Hochgebenedeyten Göttlichen Orth / so vilen Sünderen / Krancken / Hilff- und Trostlosen deine barmhertzige Händ / deine liebreichen Armb / dein sicheren Schutz-Mantel / dein miltes Hertz / dein kräfftige Fürbitt / deine überflüssige Gnaden eröffnest und mittheilest. Ach! Sihe derohalben mich jetzt an / Behüte mich gnädig / vor aller Sünd und Straff / vor aller bösen vergifften Sucht / vor Übel deß Leibs und der Seelen / vor dem gähen Todt / vor dem strengen Gericht Gottes / und ewiger Verdammnuß. Nimme auch endlich auff mein arme Seel in meinem letsten End / O mein Trost Maria / mein Hoffnung / mein Zuflucht / mein Heyl / und mein Leben nach Gott! in deine gebenedeyte Händ / O allergnädigste Himmels-Königin Maria! und führe sie in die ewige Freud und Seeligkeit. Amen.«

Almaray von Rauch war während dieses Betens ganz ruhig geworden und hatte ständig auf das kniende Mädchen hingeschaut. Jetzt fragte sie: »Wer seid Ihr?«

»Eins, das es gut meint mit Euch!«

»Diese Augen habe ich schon einmal gesehen.«

»Kann sein!«

Luisle steckte die Kerze und das Buch wieder in den Beutel, machte eine leichte Verneigung und ging. –

Sie wanderte auf der Descente d'Ouchy auf den See zu. Kurz vor der Englischen Kirche kam sie an die Villa Monrepos, in deren schweres Gittertor das Wappen mit den Hirschgeweihen und den blauen Balken eingeschmiedet war: Königreich Württemberg. Sie verharrte eine Weile vor dem Tor und gewahrte, wie ein paar Zimmermädchen aus dem Hinterhaus kostbare Damenkleider heraustrugen, ausbürsteten und behutsam in eine große Truhe legten. Dabei sagte eine mit aufgeworfenen Lippen: »So kann's gehen, wenn man nicht genug kriegt!« Die anderen lächelten schadenfroh, setzten aber gleich wieder ihre Amtsmienen auf, als sie einen Kammerherrn daherkommen sahen. Er munterte sie mit ein paar launigen Worten zu beschleunigtem Tun auf und schritt dann auf das Tor zu. Das Luisle wandte sich ab. Er rief ihr ein paar französische Worte nach, sie aber drehte sich nicht um. Da kam er ihr mit raschen Schritten nach und fragte, als er ihre Tracht sah, auf deutsch: »Wolltet Ihr zu Seiner Majestät kommen? Ihr seid doch aus Württemberg?«

»Aus Munderkingen, Herr, und ich hab nur wissen wollen, was der Herr König für ein schönes Häusle hat.«

»Seid Ihr deswegen nach Lausanne gekommen?«

»Auch deswegen; aber in der Hauptsach, weil ich ein wichtiges Geschäft hab ausführen müssen.«

»Wollt Ihr nicht auf ein halbes Stündchen zu uns hereinschauen?«

»Und was wollt Ihr da von mir?« Das Luisle schaute dem lüsternen Manne gerade in die Augen und meinte dann treuherzig: »Ihr habt doch einen ganzen Haufen Zimmermädchen; laßt Euch die gefallen!«

Dann kehrte sie über die lieblichen Alleen des Montbenon in die Stadt Lausanne und in ihre Pension zurück. —

Wie sie es gewünscht hatte, traten sie anderen Tags die Heimreise nach Seefeld an. Irgendwo zwischen Solothurn und Aarau wurden sie von einem Herrschaftswagen im Viererzug und vielen anderen Kutschen überholt. In der letzten glaubte das Luisle jenen Kammerherrn erkannt zu haben, der sie in die Villa Monrepos eingeladen hatte. Sie lächelte vor sich hin und sagte dann zum alten Gustav, der über dem Hufschlag der vielen Pferde in seiner Polsterecke die Augen aufgemacht hatte: »Wie's scheint, reist auch der Herr König wieder heim!« Doch der Gustav war nicht willens, seinen lieben Tagschlaf wegen einer vorbeifahrenden Majestät zu unterbrechen, sondern brummte nur, schluckte die angesammelte Spucke hinunter und flegelte sich wieder in die Wagenecke hinein.

Als sie in Zürich waren, kaufte er eine Gazette. Darauf war in großen Lettern zu lesen: »Württembergische Hofschauspielerin brüskiert S. M. König Wilhelm öffentlich im Theater«. In einem langen Artikel wurden die Vorgänge jenes Abends ausgeschlachtet; viel ausschmückendes Beiwerk war dazugedichtet worden. So hieß es zum Beispiel, den allerhöchsten königlichen Blumenstrauß, den Wilhelm der Rauch nach der Vorstellung habe überreichen wollen, hätten die Pferde bekommen, getreu dem Spruch:

Mädchen, sei gescheit,
Treib es nicht zu weit!
Schneller, als du denkst,
Frißt die Ros' ein Hengst!

Von einem jähen Tode

Mariä Himmelfahrt war nahe, als sie wieder auf Schloß Seefeld eintrafen. Es ging auf den Abend zu.

Ambros Voigt hatte bereits die Laternen angezündet, stand doch ein Gewitter über dem Bodensee. Der Herr Graf von Mülinen hatte die Beleuchtung ausdrücklich angeordnet. Man müsse nämlich damit rechnen, hatte er gesagt, daß das Gefährt auch in der Nacht ankommen könne, und da sollte es dann keine unnützen Verzögerungen geben.

Der junge königlich-württembergische Hoflampist war gleich am Tage nach ihrer Heimkehr von der Königin im

Park angesprochen worden. Sie hatte ihn geradeheraus gefragt, ob er es mit dem kleinen Jüngferlein aus Munderkingen ernst meine. Da waren ihm die Augen aufgegangen und so groß geworden wie veritable Teetassen, und gestottert hatte er wie einer, den man beim Äpfelstehlen erwischt hat: »Ja, wenn sie mich halt habe möcht!«

»Sie möcht dich schon haben; aber weil sie arm ist, hat sie Bedenken.«

»Ach Gott, Majestät, ich nehm sie au nackig!« hatte er darauf erwidert; sofort aber war ihm zu Sinn gekommen, daß er etwas ganz Ungehöriges gesagt hatte.

Die hohe Frau jedoch hatte ihm die Hand auf den Arm gelegt und gelächelt: »Weil sie keine Mutter mehr hat, werde ich deren Stelle vertreten. Sorgt euch also nicht! Aber daß du's auch ehrlich mit ihr meinst! Sie ist ein ganz und gar liebes Mädle!«

»Da möcht i glei schwöre beim Licht meiner Auge! So ehrlich moin i's!«

»Nichts sollst schwören! Nur ein anständiger Bursch sollst du bleiben!«

»Das schwör ich . . .!« hatte er gleich noch einmal gesagt, sich aber sofort an den Mund gelangt, als könnte er's wegwischen. –

Und jetzt zogen die müden Rösser den schweren Wagen über den knirschenden Kiesweg zum hinteren Schloßeingang. Während die beiden Kutscher ausspannten, geleitete der Kammerdiener Gustav das Luisle zum Tor hin, wo sie von der bekannten Kammerjungfer – sie hieß Cilly – empfangen und in den Obergaden auf ihr Zimmer geführt wurde. Der Lampist mußte kurz zuvor dagewesen sein und die Hängelampe angezündet haben. Auf die Frage nach einem Abendessen lehnte das Luisle freundlich ab, bat aber um einen Kübel warmen Wassers.

Als sie sich den Straßenstaub abgewaschen hatte und das

Bett aufschlug, lag da ein feines Schlafkleidchen mit allerhand Spitzenstickerei, darauf ein Bogen Papier. Sie faltete ihn auf und las: »Allerliebstes Mamsellchen! Ihre Majestät hat gesagt, Ihr tätet mich schon mögen, aber Ihr hättet Angst. Ach Gott, was denkt Ihr denn von mir! Ich will Euch nichts vorschwören, das soll man nicht. Aber Ihr seid für mich wie ein Engel vom Himmel; wie könnt Ihr da Angst haben! Ich wünsch Euch eine gute Nacht und drück hier aufs Papier ein Schmätzle. Immer und immer Euer Ambros.«

Das Luisle stand da mit dem Brief in Händen und sah auf das Nachtgewand. Was war er doch für ein lieber Junge! Und mit der Frau Königin hatte er auch schon geredet! Aber die Karten! Gewiß, sie mußten nicht recht haben! Es war jedoch möglich, daß sie recht hatten. Und wenn sie recht hatten, was dann?

Luisle kniete sich vors Bett hin und betete um Erleuchtung. Und je tiefer sie ihr Anliegen bedachte, desto stärker festigte sich in ihrem Herzen der Gedanke: Man kann sich im Leben nicht gegen alles versichern! Irgendwo wird immer eine Frage offen und ein Rätsel ungelöst bleiben. Und wenn auch sie, das Luisle, bisweilen etwas deutlicher als andere hinter die Dinge zu schauen vermochte — Sicherheit über das Kommende wurde ihr nicht gegeben, zu keiner Stunde, in keiner Sache! Auch für sie würde die Ehe ein Wagnis bleiben, zu dem man ja oder nein sagen kann. Sagt man ja, dann heißt das, ein Risiko eingehen; dazu braucht man aber ein tapferes Herz. Denn heiraten ist etwas anderes als schafkopfen! Beim Schafkopfen spielst du eine Weile mit. Wenn du dann herzhaft verloren hast, kannst du sagen: Ich kann und mag nicht mehr! — Bist du aber verheiratet und hast gar noch Kinder, dann stellst du dir ein Armutszeugnis aus, wenn du in den harten Stunden, die jede Zweisamkeit dir aufgibt, versagst. Versager aber sind für die feine eheliche Liebe wohl nicht befähigt. Sie sind wie die Ziegen, die auf der Weide den Kleeblumen immer nur die Köpfe abrupfen und bei Sonnenuntergang meckern, daß sie nicht satt geworden sind. — Luisle, noch kannst du wählen!

Während sie diese Gedanken erwog, fuhr mit einem Male ein warmer Windstoß zum offenen Fenster herein: Das Gewitter war da. Sie eilte hin und schloß, da peitschte auch schon der Hagel an die Scheiben. — Schwere Gewitter können gefährlich werden, doch reinigen sie auch die Luft und erquicken die Fluren. Mit diesem Gedanken schlief das Luisle ein.

Am anderen Morgen brachte die Post eine Gazette aus Lausanne ins Schloß. Darin stand in großer Aufmachung ein Artikel: »Gesundbeterin im Hospital«. Da hatte doch tatsächlich die württembergische Hofschauspielerin Almaray von Rauch einem Krankenhausarzt erzählt, sie sei von einem Mädchen besucht worden, das sich an ihrem Bette hingekniet und gebetet hätte. Und kaum sei das Mädchen weggewesen, habe sich ihr Gesundheitszustand wie durch ein Wunder gebessert, was der Arzt nur bestätigen konnte. Am merkwürdigsten aber sei, daß keine Krankenschwester, keine Pflegerin, keine Wärterin das besagte Mädchen gesehen habe. Die Verwaltung des Hospitals ersuche nun dieses Mädchen dringend, sich zu melden, damit man es gegebenenfalls für dauernd einstellen könne.

Königin Pauline las diesen Artikel und beschied dann das Luisle zu sich.

»Nun sag doch, was hast du mit der Rauch gemacht!«

»Hohe Frau, eigentlich hab ich gar nichts gemacht. Ich hab sie nur angesehen, wie sie die Treppe heruntergangen ist, und da hat sie zu mir rübergeschaut und nicht aufgepaßt und ist hingefallen.«

»Und wie bist du zu ihr ins Hospital hineingekommen?«

»Halt so! Ist ja niemand dagewesen, wo ich hätt fragen können.«

Der Königin kam diese Naivität fast unheimlich vor. Sie wechselte das Thema: »Hat er sich gefreut, der Lampist, daß du wieder da bist?«

»Stellt Euch vor, er hat mir ein Briefle geschrieben, ein ganz liebes Briefle!« Und sie kramte das Papier aus ihrer Beuteltasche hervor.

Pauline las und meinte dann: »Wie wird's nun weitergehen mit euch beiden? Willst du nicht hierbleiben auf Seefeld, damit ihr beisammen seid und euch näher kennenlernt?«

Treuherzig entgegnete das Luisle: »Da gibt's nicht mehr viel zum Kennenlernen; er mag mich und ich mag ihn jetzt auch. Dableiben, das geht nicht, ich hab noch sechs junge Geschwister daheim, die alle keine Mutter mehr haben. Der Ambros muß eben warten; und warten kann er bei Euch auf Seefeld am besten!«

»Hast du ihm das schon gesagt?«

»Nein, aber zu Mittag sag ich's!« –

Das nächtliche Gewitter hatte auch den Parklaternen übel mitgespielt. Ambros Voigt war mit Ausbessern und Putzen beschäftigt. Nach dem Mittagessen gesellte sich das Luisle zu ihm. Er hatte sich einen Tisch mit seinem Werkzeug in den Park getragen und schnitt neue Glasscheiben für die Laternen zu; der Hagel hatte auf der Wetterseite alle zerschlagen.

»I dank Euch fürs Briefle, Ambros!«

»Bittschön, Mamsell! Und was hättet Ihr drauf zu sage?«

»Was i zu sage hätt? Daß i Euch mag!«

Da war es dem Ambros, als stürzte eine himmlische Seligkeit über ihn herein. Der Glasschneidediamant fiel ihm aus der Hand, eine Scheibe zersplitterte auf dem Kiesweg, er packte das zierliche Luisle und drückte es so fest an sich, daß dem Mädchen schier der Atem verging.

»Und wann wolle mir heirate?«

Das Luisle löste sich sachte aus seiner Umarmung und meinte: »Wenn Ihr heut abend wieder das Licht anzünden kommt, können wir reden.«

Dann wandte sie sich jäh von ihm ab und ging eilends zum See hinunter. Weil aber hier etliche Gärtner die Gloriette von abgebrochenen Ästen und Blättern säuberten, kehrte sie auf einem Umwege in ihr Zimmer zurück. Kaum hatte sie die Tür hinter sich zugemacht, klopfte die Cilly und sagte, Ihre Majestät wolle nach dem Abendessen mit dem Jungfräulein aus Munderkingen spazierengehen. –

Das Abendessen war vorbei, das Luisle ging hinterm Schloß sachte auf und ab und wartete auf die hohe Frau. Der Ambros hatte seine lange Leiter an die hintere Ecke des Gebäudes gelehnt und stieg hinauf, um in die dort angebrachte Laterne eine neue Glasscheibe einzusetzen und den Docht zu richten. Er winkte zum Luisle hinüber.

Da trat Königin Pauline aus dem Vestibül heraus und machte zum Luisle hin eine einladende Handbewegung. In diesem Augenblick geschah – schneller als man's sagen kann – ein schreckliches Unglück. Der alltägliche Begleithund der hohen Frau, ein mächtiger Bernhardiner, der schon halb erblindet war, hatte sich beim Füttern aus dem Zwinger befreit. Seiner Witterung folgend, sauste er um die Ecke des Schlosses und streifte hart die dort aufgerichtete Leiter. Sie rutschte zur Seite, und in hohem Bogen fiel der Lampist zur Erde, und zwar so, daß er mit dem Kopf auf den Reitstein prallte, der an dieser Hausecke eingelassen war.

Da lag er nun leblos, und zwei Bächlein Blut rannen ihm langsam aus Mund und Nase.

Pauline und das Luisle stürzten herbei, ebenso die Freifrau von Gemmingen, eine Staatsdame, während das Fräulein von Wimpfen ins Schloß zurücklief und nach dem Leibarzt schrie.

Binnen weniger Minuten war Seine Exzellenz Dr. von Schlayer zugegen. Er kniete sich zu dem jungen Manne hin, fühlte seinen Puls und prüfte die Augen; dann zog er ein Spieglein heraus und hielt es ihm vor Mund und Nase. Als er auch dieses angeschaut und nicht den leisesten Atemgang festgestellt hatte, erhob er sich wieder, verbeugte sich vor der Königin und sagte: »Exitus, Majestät!«

Inzwischen waren die Gärtner herbeigeeilt. Sie hoben den entseelten Ambros auf und trugen ihn ins Vestibül. Eine Stunde später kam die Totenwäscherin und richtete ihn für den Sarg her. Sie kleidete ihn in sein bestes Gewand: feine schwarzlederne Pistolhose, kurzleibiges Wams, weißwollene Strümpfe und die Schuhe mit den Silberschnallen; über dem weißlinnenen Hemd das schwarzseidene Halstuch. Sie vergaß auch nicht die Uhr mit der starken silbernen Panzerkette und das stilettartige Steckmesser seitlich an der Hose.

So lag er — jung und blaß — zwischen den mit Gold kannelierten Säulen des Vestibüls da, als gegen zehn Uhr der Leichenwagen mit dem Sarg kam und den Ambros ins Totenhaus nach Rorschach holte.

Am dritten Tage wurde er am Gottesacker nicht weit vom Glockenturm an der Mauer beigesetzt. Selbst die Königin gab ihm die letzte Ehre, zwar schlicht, doch mit ihrer ganzen Suite. Das Luisle schritt neben der hohen Frau. Als der Sarg in die Grube hinabschwankte, legte Pauline still ihren Arm um die Schultern des Mädchens.

Als zwei Wochen danach das von der Königin gestiftete Grabkreuz am Hügel aufgepflanzt wurde, war niemand mehr zugegen.

Von dem Freihof zu Ertingen

Im Geleitzug der Königin von Württemberg war Luise John noch bis Nonnenhorn mitgefahren, hatte sich aber dann von der hohen Frau nicht ohne ein beiderseitiges Wehmutsbekenntnis verabschiedet. Sie wollte ihre Reise wenigstens im letzten Teil noch als Wallfahrt verstehen und darum zu Fuß nach Hause pilgern. Auf Paulinens Frage, ob sie denn so mutterseelenallein keine Angst habe, erwiderte sie, für Räuber und Wegelagerer sei sie zu unscheinbar.

Über Tettnang gelangte das Luisle, zügig voranschreitend, ins Schussental und war gegen Abend in Weißenau. Noch ehe die Sonne unterging, hatte sie hinter der einstigen Abtei ein Gartenhäuschen entdeckt, das ihr zu nächtlicher Bleibe geeignet schien. Sie aß zwei unterwegs am Straßenrand aufgeklaubte Birnen, verkroch sich dann in einen Winkel und hüllte sich in ihr großes Dreieckstuch ein. In der vierten Morgenstunde wurde sie von einem verliebten Amselpärchen geweckt. Da wurde ihr elend. So elend, daß stille Tränen über ihre Wangen rollten. Klar trat ihr vor die Seele, wie nahe sie vielleicht dem Glück ihres Lebens gestanden war und wie jäh es sich in einer einzigen Sekunde zerschlagen hatte, so unwiderruflich zerschlagen, daß sich bereits ein Erdhügel über ihre schöne Hoffnung türmte.

Schließlich reckte sie sich aber trotzdem auf, trank einen Schluck Wasser aus dem plätschernden Gartenbrunnen und wanderte auf der stillen Straße über Ravensburg nach Weingarten weiter.

In der Nähe des einstigen Frauenklosters Baindt kam ihr eine Bauernmagd entgegen, die in einem feuchten Tuch einen Krug Bier trug. Als die das armselige kleine Mädle sah, bot sie ihr zu trinken an. Luisle trank, sagte »Vergelt's Gott!« und setzte den Weg fort. Als sie bei Wolpertswende den Schreckensee erreichte, war sie derart müde, daß sie sich noch im hohen Nachmittag in eine Torfstecherhütte begab, die seitlich am Wege lag.

Das Luisle schlief in der Hütte dreizehn Stunden lang. Als sie anderen Tags wieder auf die Landstraße hinaustrat, kam ein leichtes Fuhrwerk daher. Ein Viehhändler war's, der nach Saulgau zum Roßmarkt wollte. Er lud das Mädchen ein, zahlte in dem alt-österreichischen Städtchen sogar ein gutes Mittagessen, weil er auf ein Entgegenkommen hoffte. Doch das Luisle erhob sich bei dieser Andeutung entrüstet am Tisch und verschwand.

Abends traf sie in Ertingen ein und begab sich in die herrliche Marienkapelle. Während sie da betete, tupfte ihr eine schöne ältere Frau sanft auf die Schulter und flüsterte: »Wenn du willst, Kind, kannst bei uns zur Nacht bleiben!« Sie folgte der Frau, und bald gelangten sie zusammen auf einen breit hingelagerten Bauernhof hinter der Kirche.

»Das ist der Freihof von Ertingen, einer jener zwölf Maierhöfe, die einst den Stiftsdamen von Buchau gehörten.« Die würdige Frau sprach's und führte das Luisle die Außentreppe hinan in eine große Stube, wo viele Leute um einen runden Tisch standen. Es sah aus, als ob sie gewartet hätten. Die Frau trat unter sie und sprach das Gebet. Darauf setzten sich alle. Rechts neben die Frau kam der Jungbauer zu sitzen, links das Luisle. Zu ihr setzte sich die junge Bäuerin; daneben saßen drei Kinder. Sechs Mägde, fünf Knechte und ein Hüterbub schlossen sich an. Man aß schweigend wie in einer Klostergemeinde.

Mit einem Male bellte draußen der Hofhund und zerrte wütend an der Kette; gleich darauf drängte eine junge, feste Frau schweißtriefend und mit blutenden Füßen in die Stube herein. Die ehrwürdige Hausherrin erhob sich und trat auf sie zu: »Folgt dir jemand?«

»Noi, Euer Gnaden, aber i hab ihn erschlage!«

»Wen hast du erschlagen?«

»Den Viehhändler!«

»Den Stängl von Blitzenreute?«

»Im Krautgarte hinterm Wald hot er mi überfalle!«

»Und ein Leids getan?«

»Beinah, Euer Gnaden! Und jetzt liegt er in der Furch, und 's Blut rinnt!«

»Du hast ihn abgewehrt. Womit hast du ihn abgewehrt?«

»Mit dr Krauthacke! Und scho isch er doglege!«

Die Magd stand mit ihrem sonnenverbrannten Gesicht und keuchte, als würgte sie einer.

Die Hausherrin nahm sie beim Arm und führte sie aus der Stube hinaus. Die meisten Leute am Tisch hatten die Löffel weggelegt; nur die Knechte aßen geruhsam weiter, als wäre nichts gewesen. Als auch sie fertig waren, erhoben sich alle mit dem Jungbauern. Er sprach ein kurzes Dankgebet und wandte sich dann dem Luisle zu. Mit wenigen Worten erklärte er, daß seit unvordenklichen Zeiten hier auf diesem Hofe das kaiserliche Privileg ruhe, wonach ein Totschläger für dreimal vierundzwanzig Stunden vor jeglicher Verfolgung sicher sei, wenn er unmittelbar nach seiner Tat den Hof erreiche; deshalb werde der Hof »Freihof« genannt.

Nun kehrte die Hausherrin zurück und geleitete das Luisle hinten hinaus in den Wurzgarten. Die untergehende Sonne schien ihnen geradeaus ins Gesicht, als die Frau zu erzählen begann: »Ich bin die Altbäuerin auf diesem Hof und war einst Stiftsdame in Buchau, ehe uns die niederländischen Oranier das Kloster geraubt haben. Ich hieß Johanna von Antenried und hatte all meine Mitgift ins Stift eingebracht. Säkularisiert stand ich, ein dreiundzwanzigjähriges Mädchen, mit nichts da und war froh, daß mich hier der Freihofbauer, der uns zinste, zum Weibe nahm. Ich habe ihm den Sohn und drei Töchter geschenkt. Im vorigen Jahr hat er mich verlassen und ist heimgegangen. Gott habe ihn selig!«

Das Luisle neigte den Kopf ein wenig zur edlen Frau hin und sagte: »Auch mich hat einer verlassen, und er war noch gar nicht der meine!« Und sie erzählte vom Lampisten Ambros Voigt und von den paar Stunden ihrer aufblühenden Liebe, die ein jäher Frost verbrannt hatte. Sie erzählte, daß sie auf Wallfahrt in Einsiedeln gewesen sei; von der Königin erzählte sie nichts.

»Und willst du nicht versuchen, wieder an einen Mann zu kommen?«

»Nimmer, Euer Gnaden!« entgegnete das Luisle.

»Wovon willst du denn leben, wenn du erst einmal alt bist?«

»Der liebe Gott wird's schon richten!«

Da hüpfte wippend eine Bachstelze den Gartenweg entlang und pickte einen Laufkäfer auf, der auf Herbergssuche war und sich eben unter ein gastliches Blatt zurückziehen wollte.

Inzwischen war die Sonne jenseits der Donau in tiefer Röte untergegangen. Die beiden Frauen kehrten ins Wohnhaus zurück. Das Luisle kam zu jener Krautmagd in die Kammer. Sie war sehr müde und schlief rasch ein.

Gegen Mitternacht wurde sie von der Magd geweckt. Unter ihrem Fenster schleiche ein Mann herum, den der Hüterbub herangeführt habe. Verstohlen schauten sie hinaus, und tatsächlich schleppte jetzt der Bub sogar eine Leiter daher. Wollte der Mann etwa »fensterln«, wie's im Bayerischen der Brauch war?

Im Nu kramte das Luisle den Zunderschwamm unterm Ofen hervor, schlug Feuer und rannte mit dem Brand zum Fenster hin, wo eben der Kopf des Mannes und gleich darauf seine messerbewehrte Faust sichtbar wurde. Beim jähen Nahen des Zunders fuhr er zurück, verlor das

Gleichgewicht und stürzte hinab. Er schien sich aber nicht weh getan zu haben, denn er rannte davon.

Da schlug auch schon der Hund an, und gleich danach vernahm man das zornige Geschrei von Männern.

Was war geschehen?

Sie hatten den Mann überwältigt. Es war kein verliebter Gockel, er war auch nicht zum »Fensterln« gekommen. Er, der Sohn des Viehhändlers, hatte seinen toten Vater an der Krautmagd rächen wollen; nur darum war er in den Freihof eingebrochen und hatte das kaiserliche Privileg mit Füßen getreten. Er würde sich darum vor dem Stadtamtmann zu Saulgau und dessen Rechtskonsulenten zu verantworten haben. Gott genade ihm!

Als sich die allgemeine Erregung gelegt hatte, kam die würdige Hausherrin in die Kammer und beruhigte die Mädchen. Sie ließ sogar einen Ohrenstuhl bringen und setzte sich zu ihnen, um ihren Schlaf zu bewachen. Den Hüterbuben, der vom benachbarten Viertelhufer stammte, hatte sie sofort nach Hause geschickt.

Am Morgen bedankte sich das Luisle für die Gastfreundschaft. Sie pilgerte auf Riedlingen zu und gelangte beim Mittagläuten nach Unlingen ins Wirtshaus »Zur Traube«. Aus diesem Hause war 1570 durch den Truchseß die unbescholtene Gastgebin Barbara gezerrt und als Hexe verbrannt worden, weil sie seinen bösen Wünschen widerstanden hatte. Unter Folterqualen befragt, ob sie auch wirklich eine Hexe sei, hatte sie zwar jedesmal ja gesagt, hatte aber gleich danach dieses Geständnis widerrufen. Darum peinigte man sie immer wieder. Zuletzt besaß sie die Kraft nicht mehr und blieb bei ihrem falschen Geständnis. Dem Henker jedoch versicherte sie, als er sie auf dem Scheiterhaufen an den Pfahl band: »Zum Zeugnis meiner Unschuld wird dieser Pfahl nach meinem Tode blühen!« Und wirklich: Obwohl vom Feuer ringsum versengt, trieb der angekohlte Stamm blutrote Kirschblüten.

Und noch heute sollen seine Abkömmlinge am Hang des Berges Witensteig stehen, wo einst die Hexen verbrannt wurden.

Sie betrat das fromme Haus und setzte sich ein bißchen abseits von den übrigen Gästen, den behäbigen Altbauern, in die Ecke und ließ sich ein Glas Milch bringen. Sie war diesen Männern nicht fremd. Die hatten ja den alten Hofbader gekannt und kannten auch das Haldenluisle, das er stets mit sich herumgezogen hatte, wenn er halb bettelnd, halb berichtend durch die Dörfer und Weiler gestrichen war. Sie hatten den alten Mann mit seiner Enkelin gerne kommen sehen, denn er war ein wunderbarer Erzähler gewesen und hatte alle in seinen Bann geschlagen, kaum daß er den Mund aufgetan.

Einer von ihnen fragte sie nun, wieso sie denn jetzt allein in der Gegend herumziehe. Sie erklärte ihnen, daß der Großvater gestorben sei und daß sie jetzt von Einsiedeln komme, und sogleich entnahm sie ihrer Beuteltasche einige »Blütle«, auf denen der Vers stand:

»Von der Wallfahrt bin ich kommen,
Hab dies Bildchen mitgenommen.«

Diese Blütle teilte sie aus und erzählte dabei den alten Männern, wie schön es bei der lieben Muttergottes gewesen sei. Da kämen die Leut zu Tausenden und Tausenden aus allen deutschen Gauen. Mit Fahnen und mit Kreuzen kämen sie und mit vielem Gepränge. Das sei ein Singen und Beten und Musizieren, daß einem das Herz aufgehe!

Meinte der eine: »Gehscht wieder nach Einsiedeln?«

»Möcht schon«, erwiderte das Luisle, »bin aber bloß e Wäscherin und hab's Geld net!«

Da griff er großspurig in die Hosentasche, warf ihr einen halben Gulden über den Tisch und sagte: »Wann du wieder gehscht, bet für mi und bring mir en geweihte Rosekranz mit. Den braucht unsereiner, wenn's ans Sterbe geht!«

Für einen Augenblick war's still geworden in der Gaststube. Dann griffen auch die anderen sachte ins Portemonnaie und taten wie der erste.

Als das Luisle Unlingen verließ, besaß sie bereits das Geld für die nächste Wallfahrt. Auf dem Heimwege aber erwog sie, ob es nicht zu machen sei, daß sie öfter nach Einsiedeln ginge, um für andere zu beten. Und es schien ihr nicht ungereimt.

Zu Munderkingen auf der Halde hatte sich in den Wochen, da das Luisle fern gewesen war, nicht viel getan. Nur der Bruder Matthias, ein guter Maurer wie der Vater, war zu seiner Verlobten ins Nachbarhaus gezogen, weil er heiraten wollte, sobald die Trauermonate für den Großvater um wären. Die um zwei Jahre ältere Schwester Kreszentia machte ein sauertöpfisches Gesicht, als das Luisle ankam, hatte ihr doch die Helferin arg gefehlt. Die aber wartete gar nicht erst das übliche Gepoltere der Schwester ab, sondern erklärte kurz, sie werde fortan nicht mehr die Wäsche waschen, sondern sei zu Höherem ausersehen, nämlich zur Mitfinanzierung des gesamten Hauswesens. Dies erfordere freilich, daß sie häufig abwesend sei. Und zum Beweise, daß ihre Worte fundiert waren, klimperte sie mit dem Geld im Faltenbeutel.

Kreszentia war über diese Bemerkung so entsetzt, daß sie zu keifen und zu toben vergaß, was ihr bei den alltäglichen Überraschungen, die das Leben so mit sich brachte, niemals passiert wäre. Sie stand da und schnappte nach Luft wie ein Karpfen; sie schnappte auch noch, als das Luisle bereits wieder zur Tür hinaus war. Schon seit Jahren in die Stellung der verstorbenen Mutter hineingewachsen, vertrug sie keinen Widerspruch. Der Vater sagte zu allem, was sie unternahm, ja und amen, und selbst der gottselige Großvater hatte sie respektiert und war ihr aus dem Weg gegangen. Und jetzt kam die Kleine daher, die eh für nichts anderes als für die Wäsche zu gebrauchen gewesen war, und stellte die Stacheln auf! Wohin sollte denn das führen!

Als an einem der folgenden Tage die klärende Auseinandersetzung durch Kreszentia vom Zaune gebrochen wurde, legte ihr das Luisle drei Gulden hin und empfahl sich lächelnd mit einem Knicks, wie ihn die Mädchen in der Lateinschule gelernt hatten. Die Schwester war entwaffnet.

Luise John besuchte nun reihum die Munderkinger Geschäftsleute und Handwerker. Sie gab ihnen eines jener »Blütle«, kündigte an, daß sie in den nächsten Wochen abermals zum Beten nach Einsiedeln wallfahrten werde, und kassierte ihre ganzen, halben oder Viertelgulden. Selbst dem Stadtschultheiß und seinen Räten, ebenso dem Herrn Syndikus bot sie ihr frommes Tun an und fand gemünztes Gehör.

Am Feste der sieben Schmerzen Mariä machte sie sich abermals auf und pilgerte durch das lieblich durchsonnte Schwabenland dahin, Rosenkranz betend und das Leben Jesu Christi betrachtend, wie es in einem kleinen Büchlein beschrieben stand, das sie bei sich trug. Dreimal im Tag sprach sie den Psalmvers: »Ob ich schon wandere im finsteren Tal, fürchte ich kein Unglück, denn du, Herr, bist bei mir; dein Stock und dein Stab geleiten mich.«

Da und dort schenkte man ihr ein paar Kreuzer Zehrgeld; hie und da nahm ein des Weges ziehender Fuhrmann sie mit und ließ sich von ihr ins Gebet einschließen.

In Rorschach kaufte sie lebende Blumen und pflanzte sie aufs Grab beim Kirchturm an der Mauer.

Von dem Wiedersehen am Federsee

Der Winter kam ins Land gezogen. Weit breitete er seine weiße Decke über das Donauried, und aus den Mooren und Sümpfen stiegen schwere, unheimliche Nebel. Da erzählten die Großmütter den Enkeln von den zwei Riesen auf dem Bussen oder vom Herrn Ritter Hatto, der hinter Kappel im Tal seiner Frau Adelindis hoch zu Roß begegnet war, sein abgeschlagenes Haupt auf einem weißen Teller tragend. Das waren wundersame Geschichten, mit denen sie die Kinder beten lehrten.

Auch im Johnhäuschen unten am Haldenweg erzählten an diesen Winterabenden die großen Geschwister den kleineren schaurige Mären oder sie sangen mit ihnen, von Kreszentia auf der Harfe begleitet, alte Lieder vom Heiligen Christ. Man konnte danach so schön einschlafen.

Eines Nachts – es war um Sankt Lazarus herum – fühlte das Luisle plötzlich eine mächtige Unruhe in sich, so mächtig, daß sie sich unverwandt aus dem Bett erhob. Sie trat ans Fenster und schaute hinunter zur Donau, auf der eine Eisschicht lag. Da war ihr, als huschte eine hinkende Frauengestalt vorbei, der nahen Stadtmühle zu; einen Augenblick lang sah sie noch die Schleppe ihres Kleides.

Luisle schlüpfte in Großvaters Schafpelzjacke, die immer noch im Flur am Holznagel hinter der Türe hing. Die Jakke reichte ihr bis an die Knöchel. Dann trat sie in die feuchte Nacht hinaus, stapfte durch den klebrigen Schnee die Mondgasse hinan und stand am Markt. Nicht lange, da kam ein Pferdeschlitten mit Schellengeläut die Vorstadt herauf. Er hielt vor ihr, sie stieg wortlos ein und deckte sich mit dem dicken Bärenfell zu, das ihr der Kutscher aufgehalten hatte – und schon waren sie zur Stadt hinaus; der Torwärter hatte ihnen wortlos geöffnet.

Die Rösser schnoben hörbar und jagten dahin wie die Teufel.

Jetzt ging's durch Hausen, durch Dieterskirch, durch Uttenweiler. Als sie vor Ahlen kamen, hielt der Schlitten. Der Kutscher hob die warme Zudecke vom Luisle ab, sie stieg aus, und das Gefährt sauste weiter auf Biberach zu.

Da zog im Osten ein lichter Schimmer auf, es wollte Tag werden.

Das Mädchen hängte sich den Schafspelz um die schmalen Schultern; so schlug er ihr nicht ständig vor die Beine. Als sie das stille Dorf Ahlen hinter sich hatte, nahm sie rechter Hand den Weg zum Federsee. Hier mußte kurz zuvor ebenfalls ein Schlitten gefahren sein, ein schwerer, breiter, denn die Kufenrinnen waren so hart, daß das Luisle darauf nicht einmal einsank. So gelangte sie, rüstig dahinschreitend, bald nach Tiefenbach. Hier sah sie jenen Schlitten hinter einer Scheune stehen. Der Kutscher hatte den Rössern den Hafersack vorgehängt, hatte sie zugedeckt und schlief. Sie bog jetzt zur Rechten in eine Gasse ein, die hinabführte zum See. Sie kam am ärmlichen Fischerhause vorbei, dem letzten in der Gasse. Dann tauchte sie im Nebel unter. Der war so dicht, daß sie kaum ihre eigene Hand erkennen konnte. Wie ein dicker Brei quoll er in lautlos dahinwogenden Schwaden aus der Seetiefe heraus, als ob das Wasser ein Schlund wäre, der hinabreichte ins Innere der Erde. Und immer wieder neue Nebelbänke und neue dicke Schwaden.

Das Luisle wußte in diesem unheimlichen Gewoge nicht mehr aus und ein.

Da reckte sie sich mit einem Male auf und rief laut in das brauende Element hinein:

Nebele, Nebele, steh,
daß ich das Fräule seh!

Dieser alte Zauberspruch, den schon tausend Jahre zuvor die fromme Adelindis über das Blachfeld von Allmannsweiler gerufen hatte, tat seine Wirkung. Wie hingestreckte Säulen lag der Nebel da und rührte sich nicht, und das Luisle schritt durch ihn hindurch, einmal verdeckt, einmal ganz frei. Sie gelangte an den Steg, den sich der Fischer in den See hinausgebaut hatte, damit er das Boot anlegen konnte. Draußen am Ende des Stegs stand sie jetzt, die hinkende Frau im Schleppkleid, die um Mitternacht an der Halde vorübergehuscht war.

Das Luisle rief sie an: »Wollt Ihr Euch ersäufen?«

Die andere, es war die Schauspielerin Almaray von Rauch, drehte sich um und erkannte das Mädchen, das damals im Hospital betend vor ihrem Krankenbett gekniet war. Wortlos raffte sie ihre Schleppe und kam den Steg herein. Luisle nahm sie am Arm und führte sie hinauf ins Dorf zum Schlitten. Miteinander stiegen sie ein. Das Mädchen gab dem erschreckten Kutscher eine Weisung, er wendete und fuhr zurück über Ahlen und Uttenweiler, bog dann aber in den Weg zum Bussen ein.

Die Spitze des heiligen Schwabenberges war ins gleißende Licht der Morgensonne getaucht, während die fünfhundert Städte, Dörfer und Weiler, die man von hier aus sehen konnte, noch unter der weißen Nebeldecke schliefen. Die beiden Frauen hatten die letzte Wegstrecke zu Fuß gemacht, und sie war beschwerlich gewesen; denn in dieser Adventzeit kamen kaum Wallfahrer auf den Berg. Jetzt standen sie vor dem ehrwürdigen Bilde der Schmerzensmutter, die ihren im Tod erstarrten Sohn auf den Knien hielt. Luisle zog aus ihrer Beuteltasche das alte Betbüchlein hervor und las:

Maria, wahrer Himmelsstern,
welcher gestillt hat unsern Herrn,
der ausgereut des Todes Macht,
darin uns Adam hat gebracht.
Demselben Stern gefall' in Eil,
zu halten ein des Himmels Pfeil,
dessen so bös und tödlich Gift
mich armes Weib gar hart betrifft.
O Jesu hilf und straf uns nit,
für welche deine Mutter bitt't!

»Betet's nochmal!« sagte Mademoiselle von Rauch und kniete an der Kommunionbank nieder. Luisle wiederholte die schlichten Verse und empfahl dabei das hinkende Fräulein dem Schutz und Schirm der über dem Altar thronenden gekrönten Himmelsherrin.

»Ich hab Euch wohl mein Leben zu danken!« Die Schauspielerin sprach's und faßte das Luisle um die Schultern.

»Ach Gott, das ist net wichtig! Wichtig ist, daß Euer Leben eine neue Richtung kriegt; denn ein verschüttets Wasser ist nimmer gut aufheben!«

»Eine neue Richtung!« wiederholte die andere und atmete tief.

Darauf berichtete ihr das Luisle in knappen Worten, daß sich in den nächsten Tagen zu Ehingen fünf Mädchen zu gemeinsamem Leben und Arbeiten für hilfsbedürftige Mitmenschen zusammentun und im alten Heiliggeistspital am Viehmarkt wohnen wollten. Der Herr Bischof Josef von Lipp in Rottenburg fördere dieses fromme Vorhaben und beabsichtige, das Fräulein Maria Anna Bloching aus Dettingen zur Oberin der kleinen Gemeinschaft zu bestellen. »Das wär doch eine Aufgabe!«

Demoiselle Almaray überlegte: »Da müßte ich dem Gedanken, mich je zu verheiraten, Lebewohl sagen!«

Trocken erwiderte Luisle: »Ledig gestorben ist zwar auch net verreckt; aber dem Hochzeiter Lebewohl sagen müsset Ihr net. 's ist ja kein Orden!«

»So fahre ich jetzt nach Rottenburg zu Herrn von Lipp!« beschloß Almaray.

Sie knieten sich abermals gemeinsam hin und beteten still. Dann verließen sie den heiligen Berg. In Munderkingen verabschiedeten sie sich; dabei ließ die Schauspielerin hundert Gulden in Luisles Hand gleiten.

Am Bischofshof in Rottenburg war man baß erstaunt, die allen Kunstbeflissenen bekannte württembergische Hofschauspielerin ankommen zu sehen, und durch Gänge und Säle fragte man sich hinter der vorgehaltenen Hand, was denn das bedeute. Selbst Seine Exzellenz von Lipp empfing die Gefeierte mit neugierigem Gesicht. Als aber nach kaum einer Stunde die Audienz zu Ende war und man sich gegenseitig seelisch abgefingert hatte, fuhr Almaray von Rauch freudigen Herzens zurück nach Ehingen, in der Schatulle drei bedeutsame Briefe des Inhalts, der Empfänger möge dem Edelfräulein alle Gunst und Unterstützung bei ihrem Vorhaben angedeihen lassen. Die drei Empfänger aber waren der Präsident des Oberamtes, der Direktor des Gymnasiums und der Stadtpfarrer.

Sogleich wurde die Demoiselle der frommen Gemeinschaft der fünf Mädchen im Heiliggeistspital übergeben.

Einen Monat später, am Erscheinungsfest des Jahres 1850, durfte sie sich mit ihnen beim Gottesdienst erstmals in einer eigenen Schwesterntracht zeigen.

An diesem Tage war auch das Haldenluisle von Munderkingen nach Ehingen gekommen und wurde in den Dritten Orden des heiligen Franziskus aufgenommen.

Vom wilden Daniel

Er hieß Daniel Menz und war Kutscher beim »Ochsen«. Er besaß Bärenkräfte und war in allen achtunddreißig Kirchstellen, die bis vor kurzem noch zum Landkapitel Munderkingen gehört hatten, als unüberwindlich bekannt. Auch er war — wie das Luisle — am Haldenweg geboren, und zwar buchstäblich am Wege, weil ihn seine Mutter, damals eine Magd beim »Ochsen«, einfach verloren hatte. Wäre die alte Johnin, Luisles Großmutter, nicht zufällig vorbeigekommen, hätte das arme Weiblein verbluten müssen. Die zusammengelaufenen Leut hatten den Neugeborenen gepackt und beim Herrn Stadtpfarrer Josef Schwerdt alsogleich nottaufen lassen, und zwar auf den Namen Daniel, weil es gerade der 21. Juli war, der Gedächtnistag dieses alten Propheten.

Die Mutter durfte das Kind mit in die Wirtschaft bringen, und da ist der Bub aufgewachsen bis zum zehnten Lebensjahr. Dann hatten sie die völlig zusammengerackerte junge Magd auf den Gottesacker hinaustragen müssen, der Bub aber war in der Wirtschaft geblieben.

Zu dieser traurigen Zeit traf sich Daniel fast jeden Tag mit dem Haldenluisle, das drei Jahre jünger war als er. Und weil das Mädchen gar so klein und zierlich, ja fast zerbrechlich aussah, empfand er Mitleid und nahm sich ihrer an. Jeden Morgen, wenn sie zur Schule mußten, kam er vom »Ochsen« herunter und wartete, bis das Luisle aus dem Hause trat; dann nahm er ihr das Ränzle ab und ging mit langen Schritten neben ihr her. Einmal hatte ein anderer Bub das Mädle wegen ihres Begleiters ein wenig dumm angeredet – sie hatten ihn danach heimtragen müssen, so sehr war er vom Daniel verdroschen worden. Der Ochsenwirt, Daniels Ziehvater, war stolz auf den Kerl und schärfte ihm unter vier Augen immer wieder ein, sich ja nichts gefallen zu lassen.

So wurde aus dem Daniel ein riesenhafter, zwar gutmütiger, aber auch jähzorniger Mensch; letzteres vor allem, seitdem ein Herr auf dem Syndikat herausgefunden hatte, daß eine Urahnfrau des Knechtes, eine gewisse Margarete Menzin, im Jahre 1592 auf dem Hochgericht von Munderkingen wegen Zauberei und Hexenwerk enthauptet und verbrannt worden war. Seitdem mieden die Leut den Ochsenwirtsknecht wie die schleichende Pest.

Das Luisle scherte sich um dieses Gerede nicht, aber der Daniel wurde böser und immer böser. Es gab nur noch zwei Menschen, die ihn in der Gewalt hatten: seinen Ziehvater und das Mädle. Allen anderen gegenüber benahm er sich drohend – selbst gegen den neuen Herrn Stadtpfarrer Kaspar Haßler. Der war freilich so unge-

Partie an der Donau in Munderkingen mit dem Häuschen der Haldenluis.

Ausschnitt aus einem Aquarell von Florian Gnannt, 1919.

schickt gewesen und hatte bei seinem Antrittsbesuch im »Ochsen« – einige Wochen war's her – den Knecht auf seine Herkunft angesprochen. Als er dann die Wirtschaft wieder verlassen hatte, war ihm der Daniel gefolgt, hatte ihn im Hausflur mit einer Hand gepackt, an der Wand in die Höhe geschoben und ihm zugeraunt: »Davon kein Wörtle mehr!«

Der hochwürdige Herr Haßler hatte das zagend beherzigt.

Und jetzt saß er in seinem weiträumigen, kalten Pfarrhaus beisammen mit dem Dekan Zimmerle, dem Herrn Kollegen von Ehingen. Ihnen hatten sich zugesellt: der geistliche Herr Kriegstötter, Präzeptor der Munderkinger Lateinschule, die vier Herren Volksschullehrer, der Herr Amtsnotar und der Herr Stadtschultheiß. Zuletzt keuchte noch verspätet der Herr Stadtmüller Wunibald Willauer herbei und ächzte: »Dr Mensch ischt koi Eilposcht – sonscht wär'r gelb a'gstriche!«

»Liebe Freunde«, begann der Hausherr, »ich habe Euch zu mir gebeten, weil mich eine zweifache Sorge drückt. Es handelt sich um die Jungfer Luise John vom Haldenweg. Und zwar geht's mir zum einen darum, ob der Umgang der Jungfer mit dem Bierkutscher Daniel Menz nicht vielleicht ein öffentliches Ärgernis ist; zum anderen, ob das Wallfahrten der Jungfer nicht gar nach Simonie riecht.«

Nach einer kleinen Pause, während der jeder seinen Weinbecher zum Munde führte, erwiderte der Dekan Zimmerle: »Ich glaube die Jungfer ihrem Herzen nach einigermaßen zu kennen, denn ich habe sie in den Dritten Orden aufgenommen, habe auch oft in ihr Inneres hineinschauen dürfen. Ich muß gestehen, daß mir selten ein ähnlich lauterer Mensch begegnet ist wie sie. Wenn sie bei den Leuten ihre Wallfahrten ansagt, ehe sie sich auf den Weg macht, und von ihnen ein Scherflein entgegennimmt, für das sie am heiligen Ort zu beten verspricht – wer wollte ihr das verargen? Geben wir nicht auch unser Almosen dem Bettler an der Kirchentür und wissen nicht, ob er's nicht ein Stündchen später in gemeinen Branntwein umsetzt? Was aber ihren Umgang mit dem Kutscher betrifft, so sollten darüber die Ortsansässigen befinden.«

Einer der Lehrer warf dazwischen: »Der Daniel ist ein seelenguter Kerl, wenn man ihn nicht reizt!«

Jetzt hob der Herr Präzeptor Kriegstötter bedächtig wie ein Schulbub seinen Finger und sprach gesetzt, wie es dem Lateiner geziemte: »Sollte jemand unter uns auf ein öffentliches Ärgernis in dieser Stadt aus sein, dem empfehle ich, sich in der zehnten oder elften Abendstunde am Marktplatz aufzustellen, dem ›Hecht‹ gegenüber. Da wird er ein paar ehrenwerte Bürger herauskommen sehen. Die möge er sich anschauen, möge sich vor allem ihre unflätigen Reden anhören; unsere halbwüchsigen Buben und Mädchen aber stehen dort herum und sehen und horchen mit verächtlicher Miene zu. Ecce, das ist Ärgernis!«

Der Herr Stadtmüller Willauer machte eine wegwerfende Geste und saß da wie ein Riegel Butter an der Sonne. Er konnte den Präzeptor nicht leiden, weil der ihm den Sohn wegen geistigen Fehlbestands aus der Lateinschule hinausgeworfen hatte. Außerdem war er selber einer von den abendlichen Randalierern auf dem Marktplatz.

Lächelnd meinte deshalb der Herr Amtsnotar: »Lieber Herr Präzeptor, steckt Euren Finger nicht in ein Wespennest! Ihr werdet unweigerlich gestochen!«

Der aber fuhr fort: »Was nun die Haldenluis angeht, die ich in allen drei Abteilungen mitunterrichtet habe, so ist sie mit klarem Geist und geordnetem Gemüt in nicht geringem Maße ausgestattet. Ihre Freundschaft mit dem Knechte beruht auf einer fast geschwisterlichen Zuneigung, was nicht verwundern kann, verdankt er doch sein Leben ihrer Großmutter.«

Nun glaubte der Herr Stadtmüller doch noch ein Wort sagen zu müssen. Er wandte sich daher an den Stadtpfarrer Haßler: »Ihr habt vorhin von so was wie Simonie g'sproche; hätt gern g'wußt, was des ischt!«

»Simonie, lieber Herr Nachbar, ist das Erwerben einer geistlichen Sache für Geld. Wie uns aber der Herr Dekan aufgeklärt hat, trifft das bei der Jungfer John nicht zu.«

»'s muß aber doch e ganz einträglichs G'schäft sei, denn wie i g'hört hab, ischt se scho wieder nach Ei'siedle unterwegs!« Alle spürten in der Betonung das Gift des Müllers. Darum entgegnete der Präzeptor, indem er wieder seinen schulmeisterlichen Finger erhob: »Wären doch alle einträglichen Geschäfte so harmlos wie dieses!«

Da lief der Wunibald Willauer im Gesicht ganz rot an. Der Stadtpfarrer sah das, und weil er besorgt war, die Besprechung könnte ins Persönliche ausarten, schloß er mit einem Dankeswort an alle und goß ihnen Wein in die Becher. —

Der Stadtmüller hatte recht gehabt: Das Luisle war in diesem Jahr — und man schrieb erst den Juli — bereits zum zweiten Male auf Wallfahrt gegangen. Bei der ersten im April hatte sie mit dem wilden Daniel bis Lindau auf dem Weinwagen fahren dürfen; der Wirt zum »Ochsen« bezog nämlich seinen Etschländer von einem Händler in Landeck drin in Tirol. Diese zweite Wallfahrt wollte sie ganz zu Fuß machen. Darum schlug sie den uralten Einsiedler Wallfahrtsweg der Oberschwaben ein, nämlich über den Ricken nach Schmerikon; von da über den Oberen Zürichsee nach Nuolen, Lachen und Altendorf, dann am Dreiländerstein vorbei und in den geheiligten Ort.

Als sie dann zwei Tage lang auf den Knien für alle die gebetet hatte, die mit ihren Anliegen und Nöten und einer entsprechenden Spende zu ihr gekommen waren, wandte sie sich den Arkaden zu, die im Halbkreis den Vorplatz des doppeltürmigen Gotteshauses umfassen, weil sie dort die nötigen »Blütle«, Rosenkränze, Medaillen und Kruzifixe kaufen und ihren Geldgebern mit heimbringen wollte. Sie ging auch zur Klosterpforte, in der ein Benediktinerbruder dergleichen Devotionalien feilbot. Und weil der Bruder sehr freundlich war, beschloß sie, ihre Mitbringsel bei ihm zu erstehen. Kaum hatten sie ein paar Sätze miteinander geredet, meinte der Mönch: »Von Kißlegg bin i, Jungfer; und Ihr, woher kommt Ihr?«

»Von Munderkinge!«

»Ah, hört emol her, i geb Euch en gute Rat: Wenn Ihr mehr als zwanzig Stück kauft von jedem Sach, dann zahlt Ihr für alles nur d' Hälfte!«

»Und wie heißt Ihr, daß i nach Euch frage ka', wenn i wiederkomm?«

»I bin der Bruder Anton Krug, und mei Mutter lebt noch im Schwabeland, wo sie mich vor fünfzig Jahr auf die Welt bracht hat.«

»Vor fünfzig Jahr! So alt seid Ihr scho! Und warum wollt Ihr mir Euer Sach um d' Hälfte billiger gebe?«

»Alle kriegen's um d' Hälfte billiger, wenn se mehr als zwanzig Stück nehme!«

»Dann gebt mir also hundert Blütle und hundert Anhängerle, fünfzig Rosekränz und zwanzig gekreuzigte Heiland!«

In stiller Freude schloß sich dann das Luisle einem Zug Oberallgäuer Wallfahrer an, die aus dem Buchenberger Kirchspiel gekommen waren, das in der Kemptener Gegend lag; mit denen konnte sie bis Lindau des gleichen Weges ziehen. Deren Vorbeter sah das Mädle gern und kümmerte sich bei jeder Nachtherberge um sie mit besonderer Aufmerksamkeit. Als sie aber merkte, daß sein Getue den anderen, namentlich den jüngeren Weibern, auffiel, verließ sie während der dritten Nacht lautlos die Buchenberger und folgte ihnen in einem Abstand von zwei Meilen nur noch bis Rorschach. Hier besuchte sie wieder das liebe Grab beim Kirchturm an der Mauer und richtete es.

Als sie schließlich in Munderkingen ankam, wartete wieder jener Kammerherr aus Ludwigsburg auf sie, der sie schon bei Großvaters Tode besucht hatte.

»Schickt Euch abermals die Frau Königin?«

»Und sie läßt bitten, Ihr möget eine Wallfahrt nach Einsiedeln machen und für Seine Königliche Majestät beten.«

»Was hat er denn, der Herr König? Die Komödiantin ist er doch los!«

»Seine Majestät hört fast nichts mehr.«

»Ja, wenn eins halt sachte siebzig wird, muß es bescheiden sein!«

»Aber verehrte Demoiselle, bei der sonstigen körperlichen und geistigen Verfassung . . .«

»Ach Gott, lieber Herr, lang leben möchte alles, aber net alt werden! Sagt der Frau Königin, daß sie sich auf mich verlassen kann; aber sie soll mitbeten, wenn ich im Herbst zum dritten Mal dahinfahr. Und ein schönes Rosenkränzle nehmt für sie mit. Es ist schon ein armseliges Schicksal, wenn so eine junge Frau an den alten Mann hingebunden ist und sich net losmachen darf. Sagt ihr, daß mir scheint, sie brauche das Beten mehr als der König!«

Der Kammerherr empfahl sich ehrfurchtsvoll, nicht ohne dem Mädchen vorher noch ein Brieflein mit gutem Geld ausgehändigt zu haben.

In der Familie John am Haldenweg wurde jetzt das Luisle hoch geachtet und von allen behandelt wie ein rohes Ei, selbst von der Schwester Kreszentia. Denn wer Geld hat, hat auch das Sagen! Am Abend kam noch der wilde Daniel vorbei, weil er von Luisles Rückkehr vernommen hatte. Er habe mit dem Wirt geredet, sagte er, und sie könne jedes Jahr einmal ganz umsonst bis an den Bodensee mitfahren.

Bei Johns war es seit unvordenklichen Zeiten der Brauch, mit der beginnenden Adventszeit die große Krippe aufzustellen. Diese nahm die ganze Breitseite der Wohnstube ein und war in mehrere Szenen gegliedert. Der Stall in der Mitte bildete natürlich das Kernstück; er war jedoch zunächst nur vom Ochsen und vom Esel bewohnt, die in stiller Eintracht aus der Krippe fraßen, darin später das Christkind liegen würde. Der heilige Nährvater Joseph stand links vom Stall in seiner Werkstatt und hobelte an einem Balken herum, während rechts die Jungfrau Maria in ihrer Kammer soeben den Erzengel Gabriel empfing, der an einem Zepter das vergilbte Spruchband mit dem Ave und ein paar Choralnoten trug; offensichtlich hatte er seine Botschaft singend zu überbringen. Die Jungfrau hockte hinter einem Spinnrad, einer Königin gleich, und nahm das Lied lächelnd entgegen, während sich hinter ihr auf der Ofenbank ein farbloser Kater zwischen aufgespulten Spindeln genüßlich breitgemacht hatte.

Oberhalb des Stalles zog sich ein Ackergrund den Berg hinan. Hier pflügte ein Bauer mit einem Pferd. Weiter droben, dort wo der Wald anfing, arbeitete die niedergeduckte Bäuerin mit der Sichel. Ein Hüterbub ließ in der Nähe drei Ziegen weiden. Ihm war ein Hund beigegeben, der freilich eher einem Elefanten glich und die drei samt dem Buben auf einen Sitz hätte schlucken können.

Daneben gähnte eine Schlucht, auf deren Grund ein kreisrunder Weiher träumte; das Wässerlein in dem blauen Häfele mußte jede Woche erneuert werden, weil sonst der Goldfisch, den dort ein Mönch an der Angel hielt, im Trockenen gelegen wäre. Jenseits der Schlucht führte ein Weg ins Tal hinunter. Auf ihm ritt ein spanischer Caballero, hinter sich die Señorita, gemächlich zum Dorfe hin, auf dessen Kirchturm der einbeinige Storch sein Nest hütete. Dorfbewohner gab es nicht, oder sie hatten sich der Mittagsruhe hingegeben, die Rathausuhr stand nämlich auf eins, und Nacht konnte es auch nicht sein, weil sich der hellebardierte Nachtwächter ins Schilderhäusel neben dem Schloß »Hohenfels« zurückgezogen hatte.

Auf der anderen Krippenseite war alles biblisch, nur das Ethnographische schien ein bißchen aus den Fugen geraten zu sein. Denn der bethlehemitische Kindermord wurde von einer Schar lendenbeschürzter Neger durchgeführt, indes die Königin von Saba wie eine russische Großfürstin im Pelzmantel daherritt, beiderseits des Dromedars von zwei fächerwedelnden halbnackten Chinesenbuben begleitet. Das nahm jedoch dem ganzen Krippenbau nichts von seiner Liebenswürdigkeit; im Gegenteil, alle Völker der Welt schienen sich mit den unterschiedlichsten Aufgaben um das Jesuskind versammelt zu haben.

Gleich neben der Wohnzimmertür war ein auf einer Schachtel kniendes Negerlein aufgestellt; das nickte, wenn man einen Groschen hineinwarf. Und die Jungfer Kreszentia sah eifrig darauf, daß jeder Krippenbesucher, vor allem die vielen Munderkinger Kinder, das Negerlein auch nicken ließ. Droben am Gartenzaun neben dem Haldenweg hatten sie jetzt auch ein Plakat angeheftet, auf dem geschrieben stand:

Zur Krippe groß und klein
ladet ein
Luise John.

Die Krippenfiguren bestanden aus wächsernen Köpfen, Händen und Füßen, die mit Draht verbunden waren und angekleidet werden mußten. Diese Einkleidung besorgte das Luisle, wozu sie sich bei den Schneidermeistern und Bortenwirkern »Fetze« erbettelte. Das war nämlich der Reiz dieser Krippe, daß die uralten angebräunten Köpfe jedes Jahr in einer anderen Gestalt auf der weitgedehnten bethlehemitischen Landschaft erschienen. Da hatte sich aus dem vorjährigen Judas Ischariot ein heiliger Dreikönig herausgemausert; aus dem heiligen Joseph war diesmal ein königlich-württembergischer Postkutscher geworden, und die vordem verhutzelte Mutter Anna saß jetzt verführerisch am Brunnen von Sichem und lauerte auf den lieben Heiland.

Mit dem Beginn der kalten Jahreszeit stellte das Luisle die kaum noch nennenswerte Waschtätigkeit draußen am Donauufer ein und begab sich dazu in die Häuser der einzelnen Kunden.

In den stillen Abendstunden des Advents aber saß sie beim Kienspan am Herd und richtete die Krippenfiguren oder sie buk mit drei verschiedengroßen Formen eine Art von Lebkuchen — »Guetele« genannt —, auf die papierene Nikoläuse geklebt wurden. Diese legte sie säuberlich in einen Waschkorb. Am Vortag des Nikolausfestes nahm sie den Korb auf den Kopf und ging von Haus zu Haus, wo man ihr diese Kindergeschenke gerne abkaufte. Dabei sagte sie jeweils auch ihre nächste Wallfahrt nach Einsiedeln an und nahm die Gebetswünsche und Vorfinanzierungen entgegen.

Zum Stadtmüller Wunibald Willauer ging sie nicht mehr. Der hatte sie dumm angeredet, und sein Sohn Kuno, welcher bei der Erfindung des Pulvers, wie schon erwähnt, stark abseits gestanden war, hatte verschmerzt gelacht, wie wenn ihn einer mit der Gabel auf den nackten Fußsohlen gekitzelt hätte.

In den Herrn Pfarrer Haßler jedoch mußte ein neuer Geist gefahren sein. Während er nämlich bislang sehr zurückhaltend gewesen war, kam er jetzt kurz vor Weihnachten zu Besuch ins Johnhäusle. Er bewunderte die Krippe mit schönen Worten, ließ auch das Negerlein mit einem halben Gulden nicken. Und ehe er ging, bat er sogar das Luisle, bei der nächsten Wallfahrt an heiliger

Stätte für seine kranke Mutter zu beten, worauf nicht weniger als ein ganzer Gulden aus seiner Hand in die des Mädchens wechselte. — Als der Stadtmüller abends im »Hecht« von diesem Besuch des hochwürdigen Herrn hörte, trank er sich vor Ärger einen so stattlichen Rausch an, daß er beim Heimgehen in vorgerückter Stunde, hingelehnt an den Marktbrunnen, eine sehr ausdrucksstarke Rede hielt. Es war sicher ein Glück für ihn, daß er in dieser eiskalten Winternacht keinen einzigen Zuhörer fand; es hätte sonst viel böses Blut gegeben in Munderkingen.

Indes, der Willauer kam nicht zur Ruhe. Es wurmte ihn, daß die hohen Herren der Stadt es mit diesen leidigen Taglöhnern hielten, mit dieser Haldenluis aus dem Hungerleiderhäusle. Mit so was gibt sich doch ein gestandener Bürger erst gar nicht ab, so was läßt man links liegen!

Diesen bösen Worten, die er allenthalben im Munde führte, entsprachen aber nicht seine Taten; er ließ nämlich die Haldenluis durchaus nicht links liegen, sondern stachelte — es war kurz vor Pfingsten — seinen Sohn auf, den Johns das frisch angelegte Wurzgärtlein kräftig durcheinanderzuwühlen; es sollte aussehen, als hätte daselbst eine halbe Kompanie von Wühlmäusen gehaust. Der Kuno schüttelte zwar den Kopf, denn selbst ihm kam dieser Vernichtungsakt irgendwie kindisch vor, doch wagte er dem Vater nicht zu widersprechen; der hätte ihm nur zum soundsovielten Male sein geistiges Unvermögen vorgeworfen.

Als es daher von Sankt Dionys die zehnte Stunde geschlagen hatte und der Sichelmond über dem Sigmaringischen aufgegangen war, setzte er sich ins Boot und ruderte ganz in Ufernähe die paar Meter von der Stadtmühle hinauf zur Halde. Er legte dort an, griff die mitgebrachte Krauthacke und begann in den Beeten mit den zarten Pflänzchen zu wüten. Noch hatte er jedoch sein zerstörerisches Werk kaum zur Hälfte gebracht, stand mit einem Male das kleine Haldenluisle vor ihm, und neben ihr glaubte er den wilden Daniel zu sehen. Während das Luisle ganz klar zu erkennen war, kam ihm vor, als läge über dem Daniel ein Schleier aus lauter feinem Nebelgespinst. In diesem Schleier trat jetzt der Wilde näher und näher an ihn heran, bis er ihm mit der derben Tatze an die Gurgel griff. Kuno wich zurück, schrie gellend auf und fiel dann rücklings ins Wasser.

Da war plötzlich der wilde Daniel weg, und nur das Luisle stand am Ufer und langte ihm das Ruder hin. Als er sich daran aufgerichtet hatte und ins Boot gestiegen war, stotterte er: »Sag ihm, er soll mi net würge! I laß alles wieder richte!«

»Wer soll di net würge?« fragte sie verwundert.

»Hascht du ihn denn net g'sehe, den wilde Daniel?«

»Ah so, den Daniel!« antwortete sie zaghaft, denn auch ihr war es gewesen, als hätte er sich unverwandt neben sie hingestellt und seine mächtigen Hände wie ein Schutzengel über sie gebreitet. Sie hatte ihn zwar nicht gesehen, hatte sich auch nicht nach ihm umdrehen können, doch seine Nähe hatte sie gespürt, so wie man die Mauer spürt, an die man sich hinlehnt.

Anderen Tags kamen aus der Stadtmühle zwei Mägde und pflanzten Johns Wurzgarten neu an; auch drei Gulden hatte ihnen der Willauer für die Kreszentia mitgegeben.

Als das Luisle etliche Tage danach mit dem wilden Daniel wieder wegfuhr, um wallfahrten zu gehen, fragte sie ihn, ob er sich in der letzten Zeit mit dem Kuno angelegt habe. Er verneinte das, fügte aber hinzu, er würde ihn, wenn er ihr je zu nahe träte, zerteilen wie die Köchin den Gockel.

Da mußte das Luisle lächeln.

Von der Fuchsleber und der Demokratie

In jenem 1851er Jahr tat sich auch der ehemalige Ortsschultheiß von Dürrenwaldstetten, der »Volksfreund« Mang Mohn, mächtig hervor. Durch seinen Gesinnungsgenossen, den Aufwiegler Struve, hatte er aus der Schweiz kommunistische Schriften erhalten, die er jetzt allenthalben im Seekreis verteilte. Er hielt auch in den einzelnen Ortschaften Versammlungen fahrender Gesellen und Taglöhner ab und gründete mit ihnen sogenannte »Demokratische Märzvereine« zur Erlangung der Volksfreiheit. Solche Versammlungen klangen jeweils in »Freinächte« aus, in welchen er die kleinen Leute, die Strumpfwirker, Gelbgießer, Glaser und Knopfmacher, beim Fakkelschein auf irgendeine Wiese hinauslotste, sie durch einen mitgebrachten miserablen Fusel betäubte und ihnen dann böse Reden hielt gegen das Haus Württemberg, gegen die Kirche, gegen die Ministerien und gegen die Truppen. Waren sie schließlich in der richtigen aufrührerischen Stimmung, so nahm er ihnen das Versprechen ab, sich daheim eine Sense, Hacke oder einen Dreschflegel zu richten und in der Stille zu warten, bis er sie mit dem Donner der großen Bussenkanone zum Reinemachen von Kirche und Vaterland aufrufen werde. Am Ende arteten diese »Freinächte« meist in ein lasterhaftes Treiben aus, das in dem Maße aufloderte, als die Fackeln verglommen.

Der Oberamtmann Dr. Wienerle von Riedlingen versammelte daher alle Ortsvorsteher und Pfarrer des Seekreises und mahnte sie, zwar auf der Hut zu sein, sich durch den Querkopf jedoch nicht herausfordern zu lassen. Seine überquellende Beredsamkeit sei nämlich nur darauf zurückzuführen, daß er am heimatlichen Herd schon seit Jahren den Mund zu halten habe, widrigenfalls ihm seine hochgemute Gattin den Buckel bearbeite.

Dieser Mang Mohn ließ sich nun seit Anfang Mai auch in Munderkingen und den umliegenden Dörfern ganz heimlich anmelden und bestellte beim »Ochsen« den großen Tanzsaal für den Abend des Himmelfahrtstages.

Zu dieser Zeit kehrte das Haldenluisle gerade wieder von einer Wallfahrt zurück und war eben dabei, ihre frommen Mitbringsel durch die Häuser und Dörfer ringsherum auszutragen. Da kam natürlich die Rede auch auf den »Volksfreund« Mang Mohn, und vielerorts zitierte man seine geharnischten Aussprüche gegen den »körperlich und geistig tauben Regierer in Ludwigsburg« sowie gegen die »im Land wie Bruthennen hockende Pfaffheit«.

Das Luisle war entsetzt. Wie immer auch König Wilhelm sein Privatleben führen mochte, es war ungezogen, ihn wegen seiner Gehörlosigkeit zu verspotten, denn dafür konnte er nicht. Und was die geistlichen Herren betraf, so gab es unter ihnen wohl den einen oder anderen, der sein erhabenes Bäuchlein sehr pfleglich behandelte, doch die überwiegende Mehrzahl waren rastlose Arbeiter im Weinberge des Herrn, die sich mitunter bis zur Drangabe ihrer eigenen Existenz verzehrten.

So durfte man also nicht reden!

Das Luisle dachte nach, wie man dem Mang Mohn einen Denkzettel verpassen und ihn von seinen verderblichen »Freinächten« abhalten könnte. Während sie so über den Weiler Deppenhausen ihrer Vaterstadt zuschritt, fiel ihr etwas ein, und sie mußte selber über ihren Einfall lächeln.

Als dann der Bruder Matthäus abends von der Baustelle in sein angeheiratetes Häusle zurückkehrte, begab sie sich sofort zu ihm und fragte, ob er ihr nicht einen Fuchs schießen könnte. Der Matthäus erschrak förmlich, denn es durfte doch niemand wissen, daß er hinten in der Kammer eine Flinte hängen hatte und damit manchmal den Bauern zu Hilfe kam, wenn sie über die verheerende Wühlarbeit der Wildschweine klagten.

»En Fuchs willscht? Was willscht denn mit em Fuchs? Brauchscht vielleicht e Boa um de Hals?«

»Brauch nur die Fuchsleber!«

»Die Fuchsleber! Gut, kriegscht e Fuchsleber!«

Drei Tage später besaß das Luisle die Fuchsleber, und am Abend vor Christi Himmelfahrt hatte sie diese getrocknet, im Mörser wie zu Pfeffer zerrieben und in eine handliche Blechbüchse getan. Sie verbarg diese unter der Schürze, ging die Lautengasse hinauf und rief beim »Ochsen« den Daniel heraus. Sie nahm ihn beiseite, zog ihn in den Winkel beim Scheunentor und flüsterte ihm eine Erklärung zu. Dabei weitete sich Daniels Gesicht wie das eines Frosches, und er wieherte wie ein junges Pferd. Dann nahm er Luisles Blechbüchse und schob sie umständlich in die Hosentasche.

Und am anderen Abend hielt Mang Mohn seine Versammlung auf dem Tanzboden beim »Ochsen«.

Ein großer Schanktisch stand da, hinter dem die Wirtin mit Schnäpsle und Wein hantierte, während der Daniel auf einem Holzbock ein Bierfaß liegen hatte und daraus unentwegt das kühle Naß in die irdenen Krüge schäumen ließ, denn es war schon fast ein heißer Tag gewesen. Unter dem Zapfen stand ein flaches Schüsselchen, in welches das überfließende Bier tropfte, und daneben hatte er Luisles Blechbüchse offen hingestellt; es sah aus, als wär's sein Schnupftabak. Ganz unauffällig langte er hie und da in die Büchse und entnahm ihr mit zwei Fingern ein Prislein, das er dann wie von ungefähr über die leeren Krüge stäubte, welche ihm die Magd zum Füllen hinschob.

Und er füllte und füllte und stäubte und stäubte!

Als es schon ziemlich dunkel war, so gegen neun Uhr, rief der Mohn mit lauter Stimme über den ganzen Saal, es möge sich jetzt jedermann draußen mit einer bereitliegenden Fackel versehen und ihm über den Badstubenweg zur Inselwiese folgen, wo man die »Freinacht« eröffnen wolle. Alle schrien begeistert durcheinander, ließen auch den Mang Mohn hochleben und strebten dem Ausgang zu, um beim Ausschank des Fusels auf der Wiese nicht ins Hintertreffen zu geraten.

Doch was war das!

Kaum hatten sie die ersten paar Schritte getan, da begann es in ihren Eingeweiden fürchterlich zu rumoren, zu zwicken und zu zwacken. Die einen versuchten es mannhaft zu unterdrücken, andere schnallten sich den Leibriemen enger, wieder andere ergriffen hastig die dargereichte Fackel und beeilten sich, hinter dem Rossestall den breit hingelagerten Misthaufen zu erreichen. Eine Gruppe ganz Aufrechter scharte sich, ebenfalls befackelt, um den kühn dreinschauenden Mang Mohn und folgte ihm am Rathaus vorbei in die Martinstraße. Als diese Männer jedoch am Obertorplatz angelangt waren, konnte es keiner mehr an sich halten, selbst der Mohn nicht. Inbrünstig begaben sie sich aller demokratischen Gefühle, gedachten mit bedauernder Empfindung des nicht mehr erreichbaren Fusels und eilten spornstreichs heim. Nur der wackere Mang Mohn entwich auf den Rottenacker zu und ward zu Munderkingen nicht mehr gesehen.

Anderen Tags gab's noch ein Nachspiel. Der Stadtschultheiß ließ alle, die aus Munderkingen der Versammlung angewohnt hatten, einen halben Gulden in die Kasse für Reinerhaltung der öffentlichen Straßen und Plätze zahlen. Keiner wagte eine Widerrede, und alle waren vom Aufruhr geheilt.

Nur dem Herrn Doctor medicinae August Ströbele ließ es keine Ruhe. Denn wenn er auch nicht geneigt war, an eine epidemische Ursache zu glauben, so hielt er sich als örtliche Gesundheitsbehörde doch für verpflichtet, den

Hintergründen solch massiver und wie aus heiterem Himmel aufgetretener Darmerregungen nachzuspüren. Es zog ja gegenwärtig viel übles Bettelvolk durchs Land, und erst neulich hatte er bei einem Weib eine Krankheit feststellen müssen, die es seit dem Dreißigjährigen Krieg im Seekreis nicht mehr gegeben hatte.

Es lag nahe, mit den Nachforschungen beim »Ochsen« zu beginnen; von hier schienen die Erreger ausgegangen zu sein. Mit dem Ochsenwirt war nun freilich nicht gut Kirschen essen; das wußte der Medikus und wandte sich deshalb zuerst an seinen Knecht, den Daniel. Der erklärte jedoch, er habe an jenem ganzen Abend nichts anderes getan, als Bier ausgeschenkt, und wisse daher von gar nichts. Ebenso wenig war von der Magd zu erfahren, denn keiner von den Gästen hätte etwas gegessen; sie habe immer nur zu trinken aufgetragen, davon allerdings nicht wenig. Die Leut hätten aber alle bezahlt, und geschmeckt habe es ihnen auch.

Nun mußte der gute Doktor Ströbele doch mit dem Wirt selber reden. Der saß in seiner Gaststube und rauchte einen schlechten Tabak aus der Pfeife.

»Ihr wißt ja, Gevatter, um was es geht; und so möcht ich halt mit Euch auch ein Wörtle reden.«

Der schaute den anderen erst lange an und meinte dann, indem er ihn übers Brillenglas hinweg giftig musterte: »Gege 's Rede ischt nix zu sage, Herr Ströbele; nur müsset Ihr mir sage, was es da zu rede gebe sollt!«

»Es könnte doch sein«, nahm der Arzt vorsichtig auf, »daß in dem Bier oder in dem Wein oder in den Schnäpsen etwas Unrechtes gewesen ist.«

Der Wirt nahm die Brille ab, erhob sich und trat vor den Doktor. Da stand er wie ein rohbehauenes Denkmal: »I will net moine, daß Ihr habt sage wolle, i hätt gepantscht, werter Herr Ströbele! Denn hättet Ihr solches sage wolle, müsset Ihr mir noch gestehe, ob Ihr ein sonderlich Verlangen traget nach der Letzten Ölung. Der Pfarrer ischt nämlich da drunten, und i rat Euch, geht hurtig!«

Da war nun nichts zu wollen. Der Arzt ging und dachte bei sich: Ich müßte dir fast ein Furunkel ans Gesäß wünschen, ein tiefsitzendes, damit ich's dann gehörig herausschneiden könnt.

Als er am Klosterhof vorbeikam, trat ihm das Haldenluisle entgegen. Sie grüßte und fragte ihn, ob er eine Minute Zeit für sie hätte. Sofort schlang er den Arm um ihre Schulter und ging mit ihr sachte über den Kirchplatz dahin; er wohnte nämlich am Zwingerweg. Nun erzählte sie ihm das von der gedörrten Fuchsleber. Der Doktor mußte hellauf lachen. Sie bat ihn aber, er möge es niemandem sagen, damit sie nicht in Verruf käme. Er versprach es ihr gern, lobte ihren wirkungsvollen Einfall und reichte ihr die Hand. Dann wandte er sich jedoch der Stadtmitte zu und begab sich ins Rathaus. Hier berichtete er dem Stadtschultheiß, er sei überzeugt, daß es sich bei der so plötzlich ausgebrochenen Darmerkrankung nur um eine vorübergehende »influenza invecta« handle, die keineswegs ansteckend sei. Dergleichen »influenza invecta« liege nämlich wie Blütenpollen oder Stäubchen sozusagen in der Luft und befalle mitunter gerade solche, die ausgeprägte Durstgefühle empfänden. Und das sei ja wohl an jenem Himmelfahrtsabend bei den Gästen im »Ochsen« der Fall gewesen.

Darauf empfahl sich der Arzt.

»Influenza invecta!« Der Stadtschultheiß hatte die Lateinschule mit Auszeichnung absolviert und versuchte zu übersetzen: »invecta«, das hieß »eingeführt« oder »herbeigeführt«; also ein — gegebenenfalls künstlich — herbeigeführter Durchmarsch, wie man so sagt! Sollte er den Doktor Ströbele noch einmal fragen wegen dieses »invecta«? Doch wozu! Die Ärzte haben ihr eigenes Latein!

Von dem Schlangenbild und einem Überfall

Aber der Mang Mohn ließ nicht locker. Er konnte die erlittene anrüchige Niederlage von Munderkingen nicht verschmerzen und sann auf Vergeltung. Freilich wußte er nicht, wem er vergelten sollte, weil ja in ganz Munderkingen die Rede ging, es habe sich laut ärztlichem Befund um eine »influenza invecta« gehandelt, die wohl ein Auswärtiger an jenem Abend mit eingeschleppt hätte. Er glaubte das natürlich nicht, sondern hielt die Bürger allesamt für ausgekochte Bösewichte, die geschlossen hinter ihrem Pfarrer stünden, einem ganz Abgefeimten, der es faustdick hinter den Ohren habe. Er überlegte also, wie er dem geistlichen Herrn nach Gebühr am Zeuge flicken könnte.

Doch das pressierte nicht, denn zunächst galt es, eine viel wichtigere Aufgabe wahrzunehmen, nämlich die öffentliche allgemeine Volksbewaffnung, wenn anders die Freiheit und Herrschaft des kleinen Mannes nicht bloß ein frommer Wunsch sein sollte. Und weiß Gott, diese Aufgabe war ihm in Daugendorf bereits zu beachtlicher Reife gediehen. Achtzig Mannspersonen hatten sich hier in seinen »März-Verein« aufnehmen lassen und suchten jetzt krampfhaft nach Schießgewehren; glaubten sie doch, man erfreue sich mit einem Schießprügel in der Hand eines höheren Grades von Menschsein. Nun gab es natürlich vereinzelt da und dort noch einen alten Vorderlader aus Großvaters oder gar Urgroßvaters Zeiten, der bei jedem Schuß die Frage aufwarf, ob er nach vorne oder nach hinten losgehen solle. Mit solchen Waffen war freilich wenig Staat zu machen.

Man forschte also nach besseren.

Und siehe, da erfuhr man, der Daugendorfer Pfarrer

Dilger besitze eine brauchbare Flinte zum Entenschießen auf dem Federsee. Nun spannen allerdings der Pfarrer und die Künder des neuen Geistes begreiflicherweise miteinander keinen guten Faden. Das hielt jedoch den Mohn nicht davon ab, eine bewaffnete Schar von zwanzig Volkswehrmännern unter Trommelschlag vor den Daugendorfer Pfarrhof marschieren zu lassen. Sie forderten dem Pfarrer das Gewehr ab. Der verwahrte sich dagegen. Da stürmten sie ihm das Haus, legten ihre geladenen Flinten auf ihn an und erzwangen so die Herausgabe der begehrten Waffe.

Von diesem Erfolg berauscht, eilten sie nach Buchau zum Gastwirt Peter Heinzelmann, der erst im Jahr zuvor seine »Rad«-Wirtschaft im alten Hofgarten eröffnet hatte und froh war um jeden Zecher. Hier begossen sie die Niederlage des Pfarrers Dilger mit herzhaften Reden und vielen Kannen Bier und versammelten sich dann auf der Kegelbahn des Gasthauses zu geheimer Besprechung.

Der große »Volksfreund« Mang hatte sich im Bewußtsein eines bedeutenden Augenblicks etliche Schnäpsle hinter die Binde gejagt und hielt nun, muckend wie ein rentereifer Leierkasten, eine seiner geistreichen Ansprachen. Indem daß — so führte er aus — die Pfaffen zu Munderkingen wider den Geist der neuen Zeit löckten und das liebe Volk in Dummheit und Aberglauben niederhielten, sich auch nicht scheuten, mit ihren kaballistischen Kräften gegen die Künder der Freiheit vorzugehen, müßten sie dort getroffen werden, wo sie am verwundbarsten seien, nämlich an den Stätten ihrer Macht, den Kirchen. Er habe also vor, der Frauenbergkapelle jenseits dieser verstockten Stadt nächtlicherweile einen Besuch abzustatten und daselbst eine so gründliche Aufräumung zu hinterlassen, daß darob den Götzendienern Hören und Sehen vergehen sollte. Wer sich ihm anschließe, werde von allen Volksfreunden bedankt und bewundert werden.

Alle schlossen sich ihm an.

Mang ließ darauf noch einige harte Flaschengeister auf sie los. Diese vertölpelten die ohnehin sparsam ausgestatteten Hirne des Haufens noch vollends, worauf die Einigkeit durch wiederholte Handschläge bekräftigt wurde.

Mang Mohn, einstiges Gemeindeoberhaupt und darum nicht ohne eine gewisse strategische Begabung, ordnete den ledigen Bauernsohn Benedikt Hufschmied als Einmann-Vorausabteilung mit Spähtruppaufgaben ab. Er sollte, als braver Pilger getarnt, die Lage auf dem Frauenberg erkunden, sollte vor allem den geeignetsten Tag ausmachen und dann alles nach Daugendorf, wo die zwanzig Volksfreunde beheimatet waren, getreulich berichten.

Ein paar Tage danach machte sich der Benedikt auf den Weg. Er trug Stab und Ränzlein wie ein wandernder Bettelmönch, zog auch ab und zu einen Rosenkranz heraus und tat, als wollte er beten. Zu seiner eigenen Verwunderung glückte ihm das sogar, denn er hatte eine fromme Mutter gehabt. Indem er also die fünfzehn Geheimnisse des Psalters so vor sich hin erwog, gelangte er an einem Samstagabend auf den Frauenberg. Da waren schon viele Wallfahrer laut betend und singend versammelt. Als dann die Septembersonne hinter dem Hayinger Galgenberg unterging, richteten sich viele Pilger zur Nachtruhe auf freiem Felde; ein paar ganz Fromme fanden Unterkunft im Mesnerhaus, das ans Kirchlein angebaut war, beim Bergbruder Johann Georg Wanner. Der Benedikt schaute neugierig hierhin und dorthin, um zu sehen, wie er's machen könnte; denn er hatte während all der zweiundzwanzig Jahre seines Bauernlebens noch nie der Wärme des Federsackes entraten müssen. Er empfand also dieses Kampieren im Klee schlicht als eine Vergewaltigung seiner Natur, beugte sich aber trotzdem, wenn auch unwillig.

Wie ein geprügelter Hund erhob er sich am anderen Morgen aus dem taufrischen Grase. Dann ging er mit den anderen hin an den Brunnen neben dem Gotteshaus und warf sich ein paar Handvoll Wasser ins Gesicht, trank auch etliche kräftige Schlücke. Dann strebten alle, Männlein und Weiblein, hinein in die heilige Stätte, knieten hin und trugen der lieben Himmelsmutter, die ein Schwert in ihrem Herzen stecken hatte, ihre eigenen Schmerzen vor. Der Benedikt ging nicht nach vorne; er sollte ja beobachten, und das ließ sich von hinten her besser bewerkstelligen.

Wie er nun so in die rechte hintere Ecke gedrängt worden war, sah er neben sich an der Wand ein Bild hängen. Ein merkwürdiges Bild! Da war die Frauenbergkapelle zu sehen und das Mesnerhaus daneben. Der Brunnen, aus dem er soeben getrunken hatte, stand auch da und war mit einem Eimer und einer Kette versehen. Am Brunnenkasten aber hing eine mächtige Schlange, und davor lag eine ganze Menge kleinerer Schlangen am Boden herum. Linksseits stand groß die Mesnersfrau da, schwarz gekleidet und mit weißer Haube. Mit der einen Hand deutete sie auf die Schlangen, mit der anderen klammerte sie sich an den hinter ihr stehenden Mesner. Unter dem Bilde jedoch las der Benedikt die unbeholfene Erläuterung:

»*Nach Christi Geburt, als da man zählt 1498 Jahr, hat eines Kapellmesners Hausfrau allhier aus dem Brunnen ein Schlangenlaich getrunken, davon sie einen gar großen Leib bekommen, derowegen sie die hochgebenedeite Mutter Gottes Maria als eine getreue Fürsprecherin in der Kapelle allda angerufen und gebeten, daß sie bei ihrem lieben Kinde wolle erwerben und bitten, daß sie ihres schweren Leibes entlediget würde. Derowegen sie Gott erhört, und sind von besagter Frau ohne allen Schaden 62 junge Schlangen kommen, also daß sie hernach noch zwei ganze Jahr lang gelebt hat. Ist man endlich verur-*

sacht worden, den gemeld'ten Brunnen allda zu entschöpfen und zu säubern, darin eine alte Schlang gefunden worden, welche in der Länge hatte zwanzig gemeine Werkschuh und drei Zoll.«

Der Benedikt schaute das Bild an und las wieder. Dabei traten ihm die Augen heraus wie bei einer Kröte. Schlangenlaich! Auch er hatte aus dem Brunnen getrunken! Wenn nun auch in seinem Bauche Schlangen wüchsen! Zweiundsechzig junge Schlangen oder gar noch ein paar mehr, denn er hatte sehr herzhaft getrunken! Was würden die Leut sagen bei ihm daheim, wenn er einen Leib bekäme wie eine schwangere Frau und wenn es dann auf einmal losginge mit dem Schlangenkriegen!

Wie ein Trunkener torkelte er aus der Kirche hinaus. Ihm war elend. Da lag der vermaledeite Brunnen. Benedikt torkelte an ihm vorbei, torkelte hin zur Kirchhofmauer und beugte sich über sie ... Aber da war keine Erleichterung zu verspüren; immer noch quirlte und gurgelte es in seinem Gekröse. Hatten etwa die zweiundsechzig Schlangen schon zu wachsen begonnen? Sausten sie bereits in seinen Gedärmen auf und ab und suchten nach einem Ausgang? Er setzte sich an der Mauer nieder und hielt sich den Bauch, stand jedoch gleich wieder auf. Nein, sitzen durfte er nicht, sonst versperrte er ja den Schlangen möglicherweise den Weg ins Freie!

Er packte seinen Wanderstab, der noch in der Ecke beim Mesnerhause lehnte, und verließ den Frauenberg.

Es ist nicht bekannt geworden, wann er in Daugendorf eintraf; nur wie er eintraf, beschäftigte die Dorfbewohner noch eine Zeitlang. Er muß das Bild eines an der Auszehrung Leidenden abgegeben haben, und viele meinten sogar, es habe ihn im Oberstübchen erwischt, weil er bei jeder Gelegenheit von Schlangen faselte, die sein Inneres zerfräßen.

Als gleich am ersten Tage nach seiner Heimkunft Mang

Mohn bei ihm erschien und ein paar Fragen stellte, drehte sich der Benedikt, der im Bett lag, kurzerhand der Wand zu und gab ihm keine Antwort.

Der Mang ließ indes sein geplantes Unternehmen nicht ins Wasser fallen; dafür besaß er viel zuviel Charakter. Bei der nächsten Vereinsversammlung erläuterte er, dem Benedikt müsse eine Laus über die Leber gekrochen sein, so daß man genötigt sei, den großen Plan nunmehr ohne vorherige Auskundschaftung ins Werk zu setzen. Wie, das wolle er ihnen gleich in allen Einzelphasen auseinanderposamentieren. –

An jenem Septembertage war aber auch das Luisle auf dem Frauenberge gewesen und hatte den an der Kirchhofmauer in Krämpfen liegenden Benedikt gesehen und sofort wiedererkannt; war er doch damals mit dem Mang Mohn im »Ochsen« gewesen und hatte daselbst von dem fuchsleberbestäubten Bier wacker mitgetrunken. Der Mann war ihr darum verdächtig vorgekommen. Und weil sie diesen Verdacht loswerden wollte, wandte sie sich an den Pfarrer Kaspar Haßler.

Haßler, der über das Luisle auch vom Dr. Ströbele recht Interessantes gehört hatte, nahm den Hinweis ernst. Er erwog die Dinge hin und her und befürchtete schließlich, es könnte der Frauenbergkirche eine Gefahr drohen. Aus dieser Befürchtung heraus besprach er sich mit dem Herrn Schultheiß und bat ihn, er möge in den kommenden Nächten etliche Landjäger aufbieten und die Kirche von innen bewachen lassen.

Der Schultheiß hielt die pfarrherrlichen Bedenken zwar für reichlich übertrieben, wollte aber nicht unhöflich sein und ordnete die Landjäger ab.

Es verstrichen drei Nächte. In der vierten geschah es. Die junge Donau führte wegen der verwichenen Regentage viel Wasser und plätscherte stark an die hölzernen Uferpfähle. Siehe, da trieb von der Algershofer Brücke ein leichtes Floß daher. Fünf Männer saßen lautlos darauf, die Hüte tief ins Gesicht gezogen. Der sechste, der vorne das Ruder bediente, stand breitspurig auf den Stämmen und rauchte die Pfeife. Jetzt steuerte er links hinaus und vermied den Mühlkanal. Dann kam das jähe Donauknie, wo das Bächlein von der warmen Quelle einmündete.

Das Floß legte an, die fünf sprangen ans Ufer, der Steuermann fuhr sofort weiter.

Niedergeduckt und mit langen Schritten stapften sie am Rande des Bächleins den Hang hinan; sie folgten einander auf den Fersen. Dann waren sie bei der Quelle, und der Hang wurde steiler. Kein Baum, kein Strauch stand da. Wenn in der Stadt drunten einer nicht schlafen konnte und ans Fenster trat, mußte er sie schleichen sehen; das war nicht gut! Schließlich gelangten sie an die Kirchhofmauer am Frauenberg. Sie steckten die Köpfe zusammen und berieten. Dann beugte sich einer nieder, die anderen stiegen ihm reihum auf den Buckel und sprangen über die Mauer. Jetzt huschten sie am Schlangenbrunnen vorbei. Der erste packte den Türdrücker; der knackte kurz, die Tür ging auf. Auch der zweite, der dritte und der vierte verschwanden in der kleinen Kirche. Für eine Weile blieben sie wie angewurzelt stehen und lauschten. Nichts rührte sich.

Flüsterte einer: »Wo fangen wir an?«

»Natürlich vorne!« entgegnete ein anderer.

Da wogten sie im Mittelgang bis zum Kommuniongitter vor. Hier war es etwas heller. Von den vier großen weißen Altarstatuen schien ein Leuchten auszugehen, als jetzt die Bösewichte ins Presbyterium traten. Abermals steckten sie die Köpfe zusammen und brummelten einander an.

In diesem Augenblick strahlten seitlich und hinten aus den Beichtstühlen etliche Blendlampen heraus, und elf Landjäger schritten gemach dem Altarraume zu. Da gab es kein Entrinnen mehr, und ein Kämpfen und Dreinschlagen wäre sinnlos gewesen; hier galt es nur, sich willenlos zu ergeben. Die Gefangennahme vollzog sich mit der Präzision einer Kasernenhofübung. Mit Lederriemen wurden die vier aneinandergeschlossen, nachdem man ihnen zuvor die Hände auf den Rücken gebunden hatte.

Draußen am Kirchhof gesellte sich der fünfte samt einem Jäger zu ihnen; gemeinsam marschierten sie dann auf der Straße nach Munderkingen hinab. Bis zum Morgengrauen sollten die Daugendorfer »Volksfreunde« im Rathaus einsitzen, dann wollte man ihnen einen Vorprozeß machen und sie weiterschicken ans Oberamt nach Ehingen.

An diesem Abend noch kamen der Schultheiß und der Pfarrherr ins Häusle am Haldenweg und übergaben dem Luisle je zehn Gulden, dankten ihr auch mit sehr ergebenen Worten für das Verdienst zum Wohle der Bürgerschaft und der gläubigen Gemeinde.

Anderen Tags ging das Mädchen auf den Frauenberg. Sie fühlte sich nun ihrerseits gedrängt, der schmerzhaften Muttergottes für alles zu danken. Sie trat in das stille Gotteshaus ein, in welchem an diesem frühen Morgen nur der Bergbruder damit beschäftigt war, die Altäre mit Blumen zu schmücken. Beim Chorbogen fing sie an, die sieben sinnbildlichen Fresken der Schmerzen Mariens zu betrachten, und sprach dazu die alten Verse, die sie schon in der Schule auswendig gelernt hatte. Das erste Bild stellte Simeons Weissagung dar, und der Vers dazu lautete:

O welch reichen Born der Schmerzen
Öffnete in deinem Herzen
Simeons Wort vom Schwert fürwahr,
Als du, Mutter mit dem Kinde,
Unserm Opferlamm der Sünde,
Tratest, Reinste, zum Altar!

Zum zweiten Bild, der Flucht nach Ägypten, betete sie:

Wie ihr Antlitz früh zur Sonne
Kehrt die Blum' in Lust und Wonne,
Abends senkt das welke Haupt —
Flohst, den Sohn im Arm, von dannen,
Als die Mordwut des Tyrannen
Nach der Unschuld Blute schnaubt.

Es folgte das Bild von der Tempelwallfahrt des zwölfjährigen Jesus, sodann das von der Begegnung des kreuztragenden Sohnes mit seiner Mutter, endlich als fünftes, wie Maria beim Tode Jesu unterm Kreuze stand. Und das Luisle rezitierte leise:

Wie die Arche Meereswellen
Hoch erheben, nicht zerschellen,
Wie der Fels steht sturmumbrüllt —
Stand'st du, Mutter, in den Schauern
Siebenfachen Weh's mit Trauern
Unerschüttert, muterfüllt.

Die Kreuzabnahme Jesu und die Grablegung waren die letzten Bilder, um die sich Luisles Gebete rankten. Dann kniete sie an der Kommunionbank nieder und sang, da der Bergbruder die Kirche verlassen hatte, mit ihrer feinen Stimme die Strophe des alten Liedes:

Als er letztlich ausgesprochen
Sein Vollbracht im Todesschmerz,
Sind die Felsen selbst gebrochen —
Mehr noch brach ein Mutterherz.

Unauffällig verließ sie dann den Frauenberg.

Es ging bereits auf den Oktober zu, die Sonne hatte nicht mehr viel Kraft. Von Rottenacker herüber strich ein kühler Morgenwind. Das Luisle sagte zu sich selbst: Schade, in diesem Jahr gibt's keine Wallfahrt mehr!

Von der Mistgabel

Der Mensch denkt, und Gott lenkt! Luise John saß – es war Mitte Oktober – im letzten Sonnenlicht des Tages über der Zeitung und las den Bericht von der Hochzeit der Prinzessin Auguste, der jüngsten Tochter der Königin Pauline, mit dem jungen Herzog Hermann von Weimar. Sie hatten einander in Ludwigsburg öfters gesehen, öffentlich und heimlich, denn der Herzog war Hauptmann bei der württembergischen reitenden Garde; und er war ein fescher Hauptmann. Was Wunder, wenn da auch eine Königstochter Feuer fing!

Da klopfte es an der Tür.

»Entrez!« rief das Luisle.

Ein trat der Freiherr von Holtz, Kammerherr der Königin. Unter dem niedrigen Türstock mußte er sich arg bükken. Er tat recht devot und eröffnete dem Luisle, sie möge sich unverzüglich mit ihm auf den Weg nach Schloß Seefeld begeben; die hohe Frau verlange nach ihr.

Droben hinterm Rathaus standen zwei große Reisewagen. Luise John bestieg den einen, den leeren, und machte sich's bequem; das sollte nämlich eine Nachtfahrt werden. Buchau, Schussenried, Waldsee und Kißlegg waren Haltestationen für die Betreuung der Pferde. In der »Alten Post« zu Wangen kehrte man ein, um zu essen. Dann ging's weiter. Das Luisle schlief, konnte sie sich doch auf dem hinteren Wagensitz gut ausstrecken. Als sie in den Morgenstunden durch Rorschach fuhren, erwachte sie jäh: ihr war gewesen, als hätte sie der liebe Lampist angerufen. Sie wischte sich den Schlaf aus den Augen und fing an, den Rosenkranz für ihn zu beten; nach jedem Gesetzchen wiederholte sie: »Herr, gib ihm die ewige Ruhe.«

Dann bogen sie auch schon in die entlaubte Schloßallee

ein. Als sie an der Ecke vorüberkamen, wo jener Reitstein lag, mußte sich das Mädchen mit dem Handrücken über die Augen streichen, und wie aus der Ferne stand in ihr die Frage auf: Lieber Gott, hat es denn wirklich sein müssen ...?

Als sie zum ersten Male hier in Seefeld gewesen war, hatte sie das Zimmer gehabt, das der Herr Abt von St. Gallen bewohnte, wenn er zur Jagd weilte. Eben weilte er wieder im Schlosse, so daß das Luisle im zweiten Gaden untergebracht werden mußte. Kaum hatte sie sich richtig gewaschen, wurde sie von der Cilly zur Königin gebeten.

Pauline bedankte sich zunächst bei ihr dafür, daß sie jene Schauspielerin vom König abgelenkt hatte. Er sei zwar seitdem nicht liebevoller geworden, doch liege der Grund dafür wahrscheinlich in seinem Alter; denn mit siebzig höre sich das Turteln auf. Dazu meinte das Luisle, daß sich Fräulein Almaray von Rauch einer Schwesterngemeinschaft zur Linderung menschlicher Not angeschlossen habe und darin sehr glücklich sei.

Nun begann die Königin von einem weiteren Anliegen zu erzählen: Da habe sie einen Schwager, den Prinzen Paul, den sechsundsechzigjährigen Bruder ihres Gatten. Ehrgeizig und voll revolutionärer Allüren, lebe er als Witwer im sündhaften Paris und denke trotz seiner durch Liederlichkeit erworbenen schweren Krankheit mit keiner Faser des Herzens daran, daß ihn der Tod vielleicht schon auf der Schippe habe.

Das Luisle hatte bei dieser Rede der Königin wie traumverloren durch das hohe Fenster in den kalten Spätherbst hinausgeschaut und erwiderte nun fast leise: »Hohe Frau, sorget Euch net um den Herrn Prinzen, denn der ist in guten Händen, will sagen, in den Händen eines Jesuitenpaters und des Herrn Nuntius. Die werden ihm zu einem guten Tod verhelfen.«

»Will er denn katholisch werden?«

»'s sieht ganz so aus!«

»Ich wollte schon, daß du nach Einsiedeln gehst und für ihn betest, denn es heißt, er leide Qualen.«

»Nach Einsiedeln auf Wallfahrt gehen ist immer gut; aber mir scheint, Eure Nichte, die Prinzessin Mathilde, hat's nötiger.«

»Mathilde ist doch Nonne bei den Augustinerinnen zu Chaillot!«

»War sie, hohe Frau Königin, war sie! Letzte Woche hat sie den Schleier abgetan und macht jetzt die Honneurs im Elysee.«

Pauline schlug die Hände vors Gesicht und seufzte: »Schrecklich, schrecklich! Ist das auch wirklich wahr?«

»Wenn man für eins beten muß, dann für die Prinzessin; denn das galante Hofleben ist für eine ausgedörrte junge Nonne wie der Hauch des Lindwurms, der den Münchnern die Pest gebracht hat.«

Verwundert und ein bißchen scheu rief die Königin aus: »Aber Kind, woher weißt du denn das alles?«

Wieder wandte das Luisle den Blick zum Fenster hin, senkte dann die Augen und sagte treuherzig: »Erklären kann ich's net, hohe Frau!«

Am Tage darauf begab sich das Mädchen, reich beschenkt, nun schon das dritte Mal in diesem Jahre wallfahrtend nach dem Muttergottesheiligtum inmitten der Schweizer Berge. –

Inzwischen waren die Einbrecher, die die Munderkinger Frauenbergkapelle hatten verwüsten wollen, vom Oberamt Ehingen an das höhere Gericht nach Ulm überstellt worden. Hier hatten sie dann auch unter der Wucht harter Anklage zitternd gestanden, daß sie der Daugendorfer »Erzdemokrat« angestiftet habe wegen seiner Stinkwut auf die Paffen. Darauf war Mang Mohn ebenfalls vor den Richter zitiert worden und hatte das gleiche Los wie die anderen erfahren, nämlich »die allermildeste Zuerkennung von vierundzwanzig Stockstreichen auf das nackte Gesäß« und drei Monate Einsitzen bei jeweils vier Tagen Dunkelarrest mit Wasser und Brot.

Während dieses erzwungenen Aufenthalts hinter Gittern hatte Mang reichlich Gelegenheit, über dies und das nachzudenken. Und so fragte er sich denn auch, warum ihm gerade in Munderkingen alles verquer lief: Erst die üble Geschichte mit der verhunzten Freinacht, und dann dieses vollkommene Mißgeschick mit der Kapelle. Irgendwo war der Wurm drin! Gab es unter seinen Leuten einen Verräter? Wenn nicht, dann mußte der Leibhaftige seine Krallen mit im Spiele haben! Der Leibhaftige oder seine Munderkinger Helfershelfer! Und wer waren die? — Müßig, darüber nachzusinnen! — Und dennoch sann er nach! ...

Doch wie sehr er sich auch in seiner verwanzten Zelle plagte, wie intensiv er sich in schlaflosen Nächten das Gedächtnis zermarterte — er kam immer wieder auf ein und dieselbe Schlüsselfigur: den massigen Wirtsknecht beim »Ochsen«, den wilden Daniel. Den wollte er, sobald er das Gefängnis würde verlassen haben, einmal genau beobachten! Nichts sollte unversucht bleiben! Die Wahrheit mußte ans Licht, koste es, was es wolle!

Drei Monate sind keine Ewigkeit. Kurz nach Neujahr hatte Mang Mohn abgebüßt. Fahl im Gesicht und recht dünn um den Bauch herum, marschierte er durch den schwäbischen Winter von Ulm über Ehingen und kehrte eines Tages, als es zu dunkeln begann, in Munderkingen beim Stadtmüller ein. Wunibald Willauer war der Stiefsohn seiner Tante. Als Kinder hatten sie sich öfter getroffen, häufig verprügelt und stets wieder versöhnt. Später waren ihre gegenseitigen Beziehungen verebbt. Ein Grund mehr, dachte sich jetzt Mang, sie zu beleben! — Und wahrhaftig, in jener Nacht schossen bei etlichen Kannen guten Weins diese Beziehungen wieder mächtig in die Halme, so mächtig, daß man ihr Wachstum bis ins Johnhäusle am Haldenweg hören konnte.

Dieser Nacht der Begegnung folgte ein Tag des Katzenjammers und der Ernüchterung. Und da fiel auch bereits der Name des wilden Daniel: War er der Urheber aller Mangschen Widerwärtigkeiten?

»Gar nie!« stellte Meister Wunibald betont fest. »Der Daniel hat kein Hirn, aber es steht ihm jederzeit eins zur Verfügung: die John-Luis!« Dann folgten die ortsüblichen Anschuldigungen gegen das Mädchen: Frömmelei, Zauberei, Hexerei; freilich bescheinigte er ihr auch Geist — obwohl ihm diese Bescheinigung wehtat. Sofort wollte Mang Mohn mit ihm in Beratungen darüber einsteigen, wie man dieser John-Luis kräftig am Zeug flicken könnte. Doch das lehnte der Stadtmüller rundweg ab: Er gedachte alles dessen, was ihm sein Sohn Kuno von jener wilden Begebenheit damals im Krautgarten an der Donau erzählt hatte.

Um so beherzter gebärdete sich der »Erzdemokrat«. Das war verständlich, denn er hatte während der drei Monate Gefängnis allerhand Energien gespeichert. Er erbat sich von seinem Gastgeber nur, daß er ihn noch eine gute Woche behalte; alles andere erledige er ganz allein.

Zunächst wollte er sich den Daniel ausborgen; denn auch der steifste Stiernacken wurde noch stets durch die Kraft des Verstandes unter das Joch gebeugt.

Er begab sich nach Obermarchtal zum Gelbgießer Sträßle und kaufte ein Fuchseisen, das stärkste, welches zu haben war. »Mit dem könnt Ihr einen Bären fangen!« sagte der Sträßle, als Mang den Laden verließ. Als gegen Abend ein mächtiges Schneetreiben einsetzte, so daß man keinen Hund vor die Haustür ließ, schlich Mang hinauf zum »Ochsen« und versteckte sich im Pferdestall hinter der Haferkiste. Kurze Zeit drauf kam Daniel in den Stall und fing an zu füttern und auszumisten, zu tränken und einzustreuen. Mang beobachtete jeden Handgriff, jeden Schritt des Knechtes. Als der schließlich die hochgeladene Mistkarre hinausfuhr, huschte er hinter ihm drein und verschwand dann unauffällig in der Stadtmühle.

Indes, so unauffällig war sein Verschwinden nicht gewesen. Das Luisle hatte an diesem Tag Wäsche gewaschen und war gerade dabei, sie droben am Speicher aufzuhängen. Sie öffnete das ganz zugewehte Dachfenster und kehrte es ab, damit wenigstens ein bißchen Straßenlicht hereinfiele. Da sah sie einen vom »Ochsen« her über den Haldenweg und hintenherum zur Mühle streichen. Wer bei dem Sauwetter, bei dem tiefen Schnee, hintenherum durch die Krautgärten streicht, der führt etwas im Schilde. Und sogleich überkam sie ein Ahnen, als ob dem Daniel eine Gefahr drohe. Dieses Ahnen verdichtete sich im Laufe der Nacht so, daß ihr am Morgen klar war, sie müsse ihm beim abendlichen Stallgehen Gesellschaft leisten.

Der Abend kam, und Mang Mohn hatte seinen Platz hinter der Haferkiste bereits wieder bezogen. Und nicht nur das; er hatte auch schon das gespannte Fuchseisen, mit etwas Stroh leicht überdeckt, vor dem Stalltrog aufgestellt. Sobald der Knecht den ersten Eimer Tränkwasser schöpfen würde, mußte es zuschnappen. Dann wollte er, Mang Mohn, hinter der Kiste hervorkommen und den Gesellen mit der Mistgabel bearbeiten. Er tat ganz aufgeregt und befeuchtete sich dabei vor lauter Aufregung die Lippen mit der Zunge.

Jetzt klapperte die Stalltür, und der Daniel trat mit einer Ölfunzel herein. Das Luisle ging hinter ihm. Das ist sie also, sein Gehirn! dachte sich der Mang und duckte sich tiefer. Das Luisle schritt geradewegs auf den Trog zu, ergriff den dort angelehnten Besen und kehrte behutsam das Stroh vom Fuchseisen weg.

»Daniel, wen willscht do fange?« sagte sie laut.

»Fange?« fragte er und kam näher. »E Fuchseise?«

»Und wen hascht dort hinter dr Haferkist?«

Daniel wich dem gähnenden Fuchseisen respektvoll aus und wandte sich der Kiste zu. Da schnellte der Mang empor, erwischte die Gabel und rannte ihn an gleichwie ein Turnierritter. Der Knecht mußte, wollte er nicht die vier Zinken im Bauche haben, blindlings in die Gabel greifen, um sie seitwärts wegzudrücken. Dabei fuhr ihm ein äußerer Zinken mitten durch die Hand. Er brüllte auf und riß sich die Gabel aus der Wunde — Zeit genug für Mang, sich hinauszuretten in die kalte Nacht.

Das Luisle ging mit dem heftig blutenden Daniel ins Haus. Hier saßen in der Gaststube bei einem Schoppen der Herr Schultheiß, der Herr Stadtpfarrer, der Herr Doktor Ströbele und der Ochsenwirt selber. Sie erschraken, als sie das Malheur sahen; und während der Wirt zu toben begann und der Doktor die Wunde untersuchte, nahm der Schultheiß das Haldenluisle auf die Seite und fragte. Sie berichtete den Vorfall ganz so, wie er sich abgespielt hatte, und fügte hinzu, sie habe Grund und Ursach zu glauben, der Täter sei in die Stadtmühle entwichen.

Als der Pfarrer das Wort »Stadtmühle« hörte, erwachte in ihm ein ganz besonderes Interesse, denn er spann mit dem Willauer keinen guten Faden.

Unverzüglich begaben sich die beiden Würdenträger mit dem Luisle aufs nächtliche Rathaus, weckten die fünf diensthabenden Stadtschergen, informierten sie kurz, weckten auch den betagten Stadtköter, und waren schon in der Mühlgasse. Vor dem wuchtigen Mühlentor erkannten sie im Scheine ihrer Funzeln, daß kurz zuvor jemand sich den Schnee von den Füßen gestampft hatte.

Sie klopften.

Hinter dem Tor wütete ein Hund im Baßton; er hatte die Konkurrenz gewittert.

Es blieb ruhig, und sie klopften wieder, schon energischer.

Nun ließ sich ein Knecht vernehmen. Er jagte seinen Hund zurück und öffnete das Guckloch.

»Wir wollen zum Herrn Willauer!«

»Do muß ich erscht frage«, erwiderte der andere.

»Nix frage, aufmache sollscht!« donnerte das Stadtoberhaupt.

»Ischt scho recht, Herr Schultheiß!« sagte der Mühlbursch kleinlaut und öffnete.

Nun schlurfte der Wunibald selber herbei, hinter ihm mit einem etwas schiefen Mund der Kuno.

»Was gibt mir die Ehr, meine Herren?«

»Do ischt doch ebe einer bei Euch rei'komme; wer war's denn?«

»Rei'komme? Hans, sag, ischt einer bei uns rei'komme?«

Der Knecht schaute verlegen auf den Pfarrer, und hastig antwortete Kuno: »Koi Menscheseel!«

»Freilich, e Seel allei wird's net g'wese sei; sie hat scho in 'me leibhaftige Mann g'steckt! Wo ischt der Mann?«

Als keiner erwiderte, befahl der Schultheiß: »Hausdurchsuchung!«

Gereizt entgegnete jetzt der Willauer: »Des solltet Ihr wohl bleibe lasse, Herr! I werd' mi beim Oberamt beschwere!«

»Tut das, und Ihr seid am längschten auf dr Stadtmühl g'sesse!«

Unter dem Gewicht dieser Drohung zerbrachen alle Barrieren.

»'s war bloß en entfernter Verwandter, der Mang; er ischt auf e Schöpple beim ›Hirsch‹ g'wese!« Der Willauer redete sehr ergeben und walkte sich dabei die Hände.

Da ließ sich einer der Schergen vernehmen: »Beim ›Hirsch‹, sagt Ihr? An dem Schnee, den Euch dieser

Mang da hereingetrage hot, hängt doch Roßmischt! Liegt der vielleicht beim ›Hirsch‹ in dr Gaststub?«

»Also her mit dem Mang!« schrie jetzt der Schultheiß.

Da kam er auch sachte durch den gewölbten finsteren Gang nach vorne. Im selben Augenblick rief das Haldenluisle: »Der war's!«

Nun wurde kein Wort mehr geredet. Die Schergen nahmen den Mang Mohn in ihre Mitte, und draußen waren sie. Nach einem kurzen Verhör auf dem Rathaus wußte man, mit wem man's zu tun hatte. Vorab genügte das, um ihn bis auf weiteres einsitzen zu lassen.

Während dies in der Mühle geschah, hatte der Arzt dem Daniel die zerstochene Hand gerichtet; der Ochsenwirt aber hatte selber die Rösser versorgt. Nun schickte er den Knecht ins Bett.

Die Geschichte bekam in den folgenden Tagen ein übles Nachspiel.

Alois John, Luisles Vater, und Matthias John, ihr Bruder, waren beide von Beruf Maurer. Weil es im Winter nichts zu bauen gab, hatte sie der Stadtmüller aus Gnad und Barmherzigkeit und weil sie in der unmittelbaren Nachbarschaft wohnten, schon seit ein paar Monaten in Dienst genommen und ließ sich die zwei Radstuben ausbessern, darin die Wasserräder liefen. Das war eine unerquickliche Arbeit, vor allem im Winter. Außerdem zahlte der Willauer schlecht. Aber sie waren beide gottfroh, daß sie am Wochenende wenigstens ein paar Gulden und ein Säckle Mehl mit nach Hause bringen konnten.

Als nun die beiden Männer am Morgen nach der Mistgabelaffäre wie jeden Tag in die Stadtmühle kamen, um ihre Arbeit fortzusetzen, ließ ihnen der Willauer durch seinen Sohn bestellen, sie sollten ihr Werkzeug packen und sich nie wieder bei ihm blicken lassen. Als sie nach dem Grunde fragten, meinte der Kuno spöttisch: »'s Luisle wird's euch schon sage!«

Sie gingen also die paar Schritte wieder heim, und Vater John stellte das Mädchen sofort zur Rede. Sie erklärte, wie alles gekommen war und was sich im Pferdestall zugetragen hatte, sagte auch, daß sie den Übeltäter in der Stadtmühle erkannt habe, worauf ihn die Schergen abgeführt hätten.

Alois John sah die acht mutterlosen Kinder um sich herumhocken, darunter vier kleine, die noch keinen Kreuzer verdienen konnten. Wie sollte er sie jetzt ernähren? — Dann schaute er das Luisle an. Gewiß, sie hatte viel Geld in die Familie eingebracht; aber der Ärger wegen dem wilden Daniel und wegen ihrer ganzen Wallfahrerei, den sie auch eingebracht hatte, wog schwerer. Besser mehr Hunger und weniger Ärger als umgekehrt! Mit zitternder Stimme sagte er nach einer langen Weile: »Luisle, mir müsset ausenandergehe!« Dann stand er auf, schlurfte hinaus und weinte.

Von der »Königin der Nacht«

Das Haldenluisle erkannte, daß sich nach dem schicksalhaften Wort des Vaters ihr Lebensrhythmus würde ändern müssen. Einerseits mußte sie sich jetzt eine Dienstherrschaft suchen, andererseits wollte sie ihre Wallfahrten nach Einsiedeln und alles, was damit zusammenhing, nicht aufgeben. Wie sollte sie beides unter einen Hut bringen?

Als es wärmer wurde und langsam der Schnee zu schmelzen begann, machte sich das Haldenluisle auf und pilgerte zur Guten Beth, der Patronin des Schwabenlandes, nach Reute. Diese selige Ordensfrau hatte im vierzehnten Jahrhundert hier in einer Klause gelebt und — weil sie schön und zierlich war — allerhand teuflische Anfechtungen erlitten. Auch waren ihr die Qualen falscher Verdächtigung und verleumderischer Nachrede nicht erspart geblieben. Sie, die ebenfalls Tertiarin gewesen war, dünkte dem Haldenluisle eine rechte Fürsprecherin in ihrer Notlage. Von ihr erwartete sie in rückhaltlosem Vertrauen eine Eingebung.

Eingebung hin, Eingebung her! Als das Mädchen zwei oder drei Stunden vor dem Grabe der Guten Beth gekniet hatte und sich wieder auf den Heimweg begab, wußte sie, daß sie unverzüglich einen Brief schreiben und die Altbäuerin am Freihof zu Ertingen um Aufnahme als Dienstbote bitten wollte. Sie wollte der edlen Frau ihre gegenwärtige Lage in allen Einzelheiten schildern und sie gleichzeitig bitten, selbst als Dienstbote weiterhin ihre Wallfahrten machen zu dürfen.

Sie verließ das Gotteshaus, kaufte sich einen Bogen Papier samt Umschlag und schrieb in der Herberge ihren langen Brief.

Eine Woche danach brachte die reitende Post folgende Antwort ins Johnhäusle am Haldenweg zu Munderkingen: »Mein liebes Mädle! Sei nicht bange und richte Deine Habseligkeiten her! Irgendwann in der kommenden Osterzeit wird Dich mein Sohn, der Jungbauer, abholen. Dann bleibst Du, solange Du willst. Arbeit findet sich auf einem Hofe immer, und wallfahrten darfst Du auch. Es erwartet Dich Deine Mutter Johanna.«

Als sie sahen, daß das Luisle ihren Korb packte, beschlich alle ein großes Unbehagen. Mußte es denn wirklich sein? Nur wegen des Leutgeredes? Oder wegen des Stadtmüllers und seines törichten Sohnes? — Doch niemand sagte ein Wort. Der Vater hatte es gewollt, also mußte es geschehen! Wie oft freilich der alte John seinen damaligen Willen schon bereut hatte, wußte niemand. Und einen Rückzieher zu machen, verbot ihm seine Autorität, die er sowieso nur selten geltend machte.

Dann war die Osterzeit da, und das Haldenluisle verließ ohne viel Aufhebens das Elternhaus. Nicht einmal dem Daniel hatte sie's gesagt; den hätte möglicherweise der Koller gepackt.

Der Jungbauer Simon Bayerhof, ein stattlicher Fünfunddreißiger, hatte zwei Rappen vor den Steyerwagen gespannt. Das Mädchen saß auf dem Kutschbock neben ihm. Eine dicke Wolldecke hatte er über seine und ihre Knie gebreitet, denn im Sitzen kroch einen die Kälte an. Er redete von den Freuden und Sorgen des Hofes, von der Ausdehnung und Beschaffenheit seiner Felder und Wälder, von seinen drei Töchtern; von seiner Frau redete er nicht, auch nicht von der Mutter. Das Luisle antwortete ihm auf seine Fragen nach ihrer Familie nur sparsam. Irgend etwas störte sie, obwohl er sich korrekt verhielt, auch nichts von den üblichen Anzüglichkeiten junger Männer vernehmen ließ.

Als sie schließlich in Ertingen den Kirchberg hinanfuhren und durch das feste Tor in die Umfriedung des Freihofes einbogen, stand die würdevolle Mutter Johanna auf der Treppe und lächelte. Und bald nahm sie das Haldenluisle wie eine heimkehrende Tochter sanft in die Arme.

Nach einem reichlichen Vesper, während dem sie dem Mädchen erklärte, daß die Nähstube ihr künftiges Schaffensfeld sei, stiegen sie gemeinsam zu der Kammer hinauf, die das Luisle damals mit jener Krautmagd geteilt hatte, von welcher der Blitzenreuter Viehhändler mit der Hacke erschlagen worden war.

»Die Anna — du kennst sie, sie war asylsuchend in den Freihof geflohen — ist seit Lichtmeß bei uns eingestanden und versorgt das Jungvieh. Sie schafft tüchtig, wir sind mit ihr zufrieden. Du hast gewiß nichts dagegen, daß ich dich zu ihr lege; es ist die nämliche Kammer wie damals.« Die Altbäuerin sprach's, das Luisle aber bekam jäh einen schalen Geschmack im Munde, wußte jedoch nicht warum.

Als sich alle beim Abendessen trafen und die Neue als Näherin, Weißwäscherin und Büglerin vorgestellt wurde, überflog ein spöttischer, fast häßlicher Zug Annas dunkles Gesicht.

Nach dem Essen unterhielt sich noch die Jungbäuerin Hemma mit dem Luisle. Sie sah blaß aus und schien krank zu sein. Ihre unsteten Blicke konnten plötzlich stechen, für ein Weilchen nur, dann erschlafften sie. Ähnlich klangen ihre Worte: jetzt packend, dann mit einemmal ins Leere verfließend. Sie muß schrecklich leiden, dachte sich das Mädchen und ging in die Kammer, ihren Korb auszupacken und das Zeug in die Kommode zu setzen.

Anna stellte sich, die feisten Arme in die Hüften gestemmt, neugierig neben den Korb hin und schaute zu. »Hascht hübsche Wäsch«, sagte sie, »do wird dr Simon sei Freud habe!«

Das Haldenluisle kam nicht gleich mit: »Dr Simon, der Jungbauer? Was geht den Jungbauer mei Wäsch a?«

»I hab nur g'moint!« Anna wandte sich weg und schaute zum offenen Fenster in den dunklen Abend hinaus. Plötzlich drehte sie sich um und fragte: »Hascht du was dagege, daß 's Fenster offe bleibt in dr Nacht?«

»Im Bett ischt noch koiner verfrore!« antwortete das Luisle kurz. Sie hatte das Gefühl, daß sie sich mit der anderen in nichts einlassen durfte.

Dann hörte man's vom Kirchturm droben acht Uhr schlagen. Anna blies die Lampe aus; die beiden Mädchen gingen schlafen.

Das Haldenluisle war nicht sonderlich müde; denn wenn man keinen Auslauf und auch sonst nichts zu verrichten hat, sondern dauernd am Wagen sitzt, fühlt man sich nicht ausgeglichen und muß am Abend den Schlaf herbeisehnen, während er sich sonst wie ein Himmelsbote von selber einstellt. Sie mochte beiläufig eine Stunde gelegen sein, als sie drunten vor dem Fenster ein Geräusch vernahm — genauso wie in jener damaligen Nacht. Sofort war sie hellwach, rührte sich jedoch nicht. Im gleichen Augenblick erhob sich Anna von ihrem Lager, stieg durchs Fenster und verschwand hinab. Eine halbe Stunde später kam sie auf dem gleichen Wege zurück.

Was ich nicht weiß, macht mich nicht heiß! dachte sich das Haldenluisle. Dabei hegte sie keinen Zweifel darüber, bei wem die andere gewesen war.

Anderen Tags spürte sie beim Frühstück die Augen der beiden Sünder immer wieder fragend auf sich gerichtet, ebenso die Augen der Frau Hemma. Das Luisle verriet sich jedoch nicht, sondern schaute teilnahmslos und mit überlegener Miene um sich. Sie mußte ja auch ihre Gedanken zusammennehmen, begann doch in wenigen Minuten die erste Stunde ihres Dienens im fremden Hause.

Dieser Dienst in der lichten, freundlichen und geräumigen Nähstube erfüllte sie von Anfang an mit Freude. Sie hatte in der Schule den Umgang mit guter Wäsche gelernt, sie verstand exakt zu flicken und zu nähen, und sie legte von Natur aus Wert auf peinliche Sauberkeit — Eigenschaften, durch die sie für ihre Tätigkeit geradezu vorbestimmt war. So konnte denn auch in den folgenden Monaten die allgemeine Zufriedenheit und Anerkennung nicht ausbleiben.

Eines Abends im August fingen die Altbäuerin und das Haldenluisle, gleich als wären sie übereingekommen, von einer Wallfahrt nach Einsiedeln zu reden an. Frau Johanna wollte dem Mädchen einen Tag freigeben. Da sollte sie in Ertingen in die einzelnen Häuser gehen — genau so wie sie es in der Munderkinger Gegend getan hatte — und fragen, ob und wofür sie bei der schwarzen Madonna beten solle. Das Luisle war's zufrieden und ging.

Sie wurde in jedem Hause als die Neue auf dem Freihof mit Achtbarkeit begrüßt. Außerdem erweckte sowohl ihr liebenswürdiger Umgang als auch ihre feingegliederte, zarte Figur in aller Herzen Gefühle der Zuneigung. Kein Wunder, daß sie am Abend mehr fromme Gaben mitbrachte als daheim nach einer ganzen Woche.

Am 8. September pilgerte sie dann los, dahin auf dem Wege, den sie nun schon das fünfte Mal ging. Sechs Tage später, am Feste der Engelweihe, dem höchsten Pilgerfeste des Jahres, wollte sie mit den Tausenden in die Gnadenkapelle, das Haus der Mutter, feierlich einziehen. So geschah es auch. Sie war nur — wie jedesmal — im Rorschacher Gottesacker kurz ans geliebte Grab getreten, hatte einen Rosenkranz gebetet und dabei — wie jedesmal — ein wenig geweint. Sonst war sie wacker fürbaß geschritten, still betrachtend, wo es anging, leise singend oder halblaut betend, von niemandem belästigt.

Jetzt, da sich die Pilger zum großen Einzug ins Heiligtum aufstellten, dröhnten die Glocken von den Klostertürmen. Voraus wehten die Fahnen des Kreuzganges, darauf die Konventfahne, ihr folgten die Kreuze des Bittganges, hinter ihnen die lange Prozession der Stiftsschüler in Talar und Chorhemd, anschließend der Konvent der Klosterpatres, dann die weltlichen Behörden mit Weibel und Standeskerzen, und zu guter Letzt die gewaltige Schar der Pilger. Das Haldenluisle fühlte sich verloren, aber auch eingebettet in diesem himmelstürmenden Heer von Betern. Da war sie ein armes Mädle mit einem Herzen voller Anliegen, mit einem Mund voller Bitten: Für die, welche sich ihr in Ertingen anvertraut; für die gnädige Frau Johanna, mehr noch für die Schwiegertochter Hemma; für den Herrn Simon und — ja! — und auch für die Anna. Wie herrlich, daß man all diese Bitten hinbreiten, hinwerfen, hinwuchten durfte vor das Angesicht jener Frau, die die Herzen aller Frauen kennt, die guten und die anderen! »O clemens, o pia, o dulcis virgo Maria!« sangen jetzt die Mönche und die Chorknaben in einer schweren, tausend Jahre alten Melodie. So alt und noch um ein Jahrtausend älter ist dein Erbarmen mit uns, du schwarze himmlische Frau im goldenen Schrein!

Bei dem Bruder aus dem Schwäbischen kaufte das Luisle wieder ihre Kruzifixe, Rosenkränze, »Blütle« und Gebetstexte und kehrte fröhlich gestimmt nach Ertingen zurück. Weniger fröhlich empfing man sie, denn die junge Frau Hemma hatte sich entkräftet hinlegen müssen und konnte trotz aller Bemühungen des Arztes und zweier Krankenschwestern nicht mehr ins Alltagsleben zurückfinden. So schleppte man die Lebensmüde sechs Monate bis ins Frühjahr hinaus. Kurz vor Ostern verlöschte sie wie ein Allerseelenlicht.

Und merkwürdig, sie hatte im Leben und Treiben am Freihof auch kaum eine Lücke oder gar eine Bruchstelle hinterlassen. Nicht einmal die Kinder trauerten sonderlich um sie, von Simon, ihrem Manne, gar nicht zu reden. Im Gegenteil, er brauchte jetzt für die Anna keine Leiter mehr; die eheliche Schlafkammer lag schief gegenüber und war mit fünf Schritten zu erreichen.

Die gnädige Frau Johanna aber wahrte Haltung. Von Anfang an hatte sie um das Treiben ihres Sohnes und die daraus resultierende Marter der Schwiegertochter gewußt; nie hatte sie ein Wort darüber verloren. Sie folgte dem Grundsatz: Niemand mischt sich ungestraft in die Eheprobleme anderer, vor allem der eigenen Kinder! Sie wußte, daß sich jetzt das ganze Städtchen über den Freihofbauer empörte; auch dieses Wissen vermochte ihre Zurückhaltung nicht zu erschüttern. Nur eines verfügte sie: Das Haldenluisle sollte ganz und gar in die Nähstube übersiedeln.

Hier in der Nähstube wickelte sich nun auch ein Gutteil des täglichen Lebens der drei Hoftöchter ab. Sie verehrten das Luisle. Sie kamen zu ihr mit ihren schulischen Fragen und schütteten gerne die kleinen Herzen vor ihr aus. Sie sangen mit ihr, denn das Haldenluisle besaß eine feine

Stimme. Sie lauschten, wenn in der allabendlichen Märchenstunde Ritter und Jungfrauen, Riesen und Zwerge die Nähstube bevölkerten. Sie machten sogar Gedichte und trugen sie, vom Luisle leicht abgeschliffen, der Großmama vor; denn ab und zu kam die Großmama auch in die Nähstube.

Und wieder begann es zu herbsten: Zeit fürs Luisle, zur Gnadenstätte Unserer Lieben Frau im Finstern Wald zu wallfahrten, tief drinnen im Herzen der Schweiz. Wieder gaben sie ihr in Ertingen und den umliegenden Dörfern und Weilern ihre Bitten und Bürden mit. Sogar die gnädige Mutter Johanna empfahl sich mit den Worten: »Bete, Kind, denn ist man einmal über fünfundsiebzig, geht's talwärts!«

Und das Haldenluisle zog fort und kehrte zurück; es begann zu schneien, und das Christkind kam, und siehe, ein neues Jahr pochte ans Tor der Zeit. Während der Fasnet geschah dann, was man hatte kommen sehen: Der Freihofbauer Simon Bayerhof jagte die Krautmagd Anna, die ihn angeblich bestohlen hatte, mit Schimpf und Schande davon. Ob sich's wirklich so verhielt, daß sie, ohne aufzufallen, ihm wochenlang den Geldbeutel erleichtern konnte, hat niemand bewiesen; es wurde auch von niemandem ein Beweis verlangt. Beweis genug war das Luderleben, zu dem sie ihn verleitet hatte. In der Fastenzeit ging der junge Bauer vor aller Augen zur Beichte. Das rechneten sie ihm hoch an, denn es war auch ein Bekenntnis vor der ganzen Gemeinde: ein Gang nach Canossa.

Seinen Gesinnungswandel spürte man bald am ganzen Hofe. Dem Gesinde gegenüber befleißigte er sich eines anderen Tonfalls. Vor allem aber waren die Töchter beglückt, denn sie erlebten einen neuen Vater. Darum zitierten sie ihn auch öfters in die Nähstube, damit er Zeuge ihrer vielseitigen Tätigkeit würde. Da geizte er nicht mit Lob und Anerkennung, vergaß auch nicht, dem Haldenluisle unter der Blume schönzutun. Den Mädchen konnte das nicht verborgen bleiben, und bald huschten sie flüsternd zur Großmama.

Die alte Dame schmunzelte. Dann wartete sie den Sommer ab und Luisles Wallfahrt, und als der Herbst seine Blätter übers Land wehte, bat sie den Sohn zu sich: »Simon, du wirst vierzig, und ich verstehe, daß du einen Erben möchtest. Ich will dir in nichts hineinreden, doch könnte ich mir das Luisle als Stammutter vorstellen, denn ihre Familie ist fruchtbar. Eine Bäuerin ist sie freilich nicht; sie ist ein Filigrangebilde, ziseliert an Leib und Seele. Ein Weib wird sie nie, sondern sie wird immer ein Mädchen bleiben, selbst wenn sie zehn Kinder geboren hätte. Bedenk das, Sohn, ehe du ihr den Kopf verwirrst!«

Simon Bayerhof bedachte es.

Er bedachte es bis zum Heiligen Abend.

Als die Kinder und die Großmama zu Bett gegangen waren und Simon mit dem Luisle noch den fast niedergebrannten Christbaumkerzen zusah – die Knechte und Mägde hatten sich sowieso gleich nach dem gemeinsamen Essen verloren –, machte er ihr seinen Antrag.

Das hatte sie kommen sehen, und nicht ungern. Denn sicher war, daß sie den drei Mädchen schon geraume Zeit die Mutter ersetzt hatte: ein tiefes Erlebnis. Sie hatte auch wahrgenommen, und zwar unmißverständlich, wie sich Simon ihren religiösen Gedankengängen anzuschließen versuchte, wo er doch noch kurz zuvor mit Gott und der Welt auf Kriegsfuß gestanden war.

»I bitt um Bedenkzeit!«

»Wie lang?«

»Woiß net!«

Diese Rede gefiel ihm nicht. Was hatte sie denn zu bedenken, sie, die aus dem Nichts kam? Mißmutig sagte er »Gut Nacht!« und ging aus der Stube.

Jetzt ist er beleidigt! dachte sich das Haldenluisle. Gerade das hatte sie nicht erwartet. Nun glich ihr Herz jener Blüte, die man »Königin der Nacht« nennt: Es war zaghaft aufgegangen, hatte den Himmel gesehen, jetzt schloß es sich wieder ...

Sie gingen einander nicht aus dem Wege, er kam auch immer wieder einmal in die Nähstube, nach den Kindern zu sehen; ein persönliches Wort fiel jedoch nie, auch mit der alten Dame nicht. Die hatte längst gespürt, daß er wie der sprichwörtliche Elefant in den Porzellanladen getreten war. Was sollte sie da sagen?

Wieder kam die Wallfahrtszeit. Diesmal gab die Mutter Johanna dem Haldenluisle ganze hundert Gulden, dazu einen versiegelten Brief und sprach: »Bete für mich, denn die Tage, die mir der Himmel noch bescheidet, sind reine Geschenke. Den Brief aber laß dem Herrn Fürstabt zustellen; von seinem Inhalt möge er Seelenmessen lesen lassen für meinen Mann und mich. Ich hatte einen braven Mann!« Bei diesem Wort wurden ihre Augen feucht; das hatte das Luisle an ihr bisher noch nie gesehen.

In diesem Jahr legte das Haldenluisle einen großen Blumenstrauß aufs Grab an der Mauer und flüsterte dabei: »Du bleibst mir!«

Dann jährte sich jener Heilige Abend. Und wie damals saßen Simon und das Mädchen am Ende allein beisammen. Wieder tropften die Christbaumkerzen durch die grünen Zweige, wieder hörten sie das leise Summen der Hängelampe, doch ihre Lippen blieben stumm, weil die Herzen nicht aufgetan waren. Wozu auch? Das Luisle dachte an den verunglückten königlich-württembergischen Hoflampisten, Simon an die Krautmagd Anna, die zu Lichtmeß auf den Freihof abermals einziehen sollte; sie hatte freilich die Bedingung gestellt, daß sie fortan als Wirtschafterin gelte und die entsprechenden Befugnisse erhalte. Diese Forderungen waren nicht auf ihrem eigenen Miste gewachsen, sondern der Mann, mit dem sie heimlich zusammenlebte, hatte sie ihr eingegeben, hoffend, daraus Kapital schlagen zu können. Dieser Mann — wie verworren doch die Schicksale der Menschen sind! — war just der Sohn jenes Blitzenreuter Viehhändlers, der damals seinen Vater an ihr hatte rächen wollen.

Die Altbäuerin Johanna, geborene Freifrau von Antenried, weiland Stiftsdame des kaiserlichen Reichsstifts Buchau, erlebte den Introitus der Krautmagd auf dem kaiserlich-habsburgisch privilegierten Freihof zu Ertingen nicht mehr. Sie hatte im Testament verfügt, daß man ihren Gatten exhumiere und gemeinsam mit ihr neben der Familiengruft zu Antenried beisetze. So zerbrach sie noch im Tode alle Brücken zu ihrem Sohn.

Das Luisle hatte gleich in den ersten Tagen mit der neuen Herrin ein Gespräch. Dabei forderte Anna zweierlei: Erstens dürften Simons Töchter nicht mehr in der Nähstube verkehren; zweitens höre sich das alljährliche Wallfahrten, weil zum Schaden des Hofes, endgültig auf.

So wehte also der neue Wind!

Nun, ihr würde er nicht mehr lange wehen! Hätte sie sich noch mit der Verbannung der Kinder aus ihrem Bereich abgefunden, mit der Einstellung ihrer Wallfahrten konnte sie das nicht. Nicht so sehr wegen des Geldes, das sie damit erwarb, sondern viel mehr wegen des Vertrauens, das ihr die Leute geschenkt hatten. Bei den meisten von ihnen war ihr der Einblick in die Probleme der Familien und in die Wirrnis der Herzen gewährt worden. Solche enttäuscht man nicht!

Zu Mariä Verkündigung kündigte Luise John aus Munderkingen ihren Dienst. Sie hatte noch gebeten, daß man sie, so wie sie gekommen war, in der Kutsche nach Hause bringe. Der zweite Knecht wurde damit beauftragt. Als sie den Hof verließ, war der Bauer Simon Bayerhof aufs Feld gefahren, die Wirtschafterin Anna hatte sich zu einem Schwätzle mit der Nachbarin begeben.

Von der kananäischen Hochzeit

Haldenluisles Heimkunft war ein Freudenfest. Man hatte ja voneinander nicht mehr gewußt, als eben daß man noch lebte; und mit dem Briefeschreiben hatte man's nicht. Die kosteten nur Geld, und das, was man eigentlich wissen wollte, stand doch nicht drin. Jetzt aber war sie da, und gut sah sie aus! Was doch Stücker fünf oder sechs Jahre ausmachen! Und ein Auftreten hatte sie! Und dann die Sprache! Was sie bloß für Ausdrücke daherbrachte! Ganz wie die mit einer Bildung! Aber eingebildet war sie nicht, weiß Gott! Auch keine Angeberin! Dabei hatte sie auf einem Herrschaftshofe gedient!

»Und warum bischt net bliebe?« fragte der Vater, der sich am meisten freute.

»Wenn's Schwälble spürt, daß dr Herbscht kommt, muß es fortfliege«, antwortete das Luisle und lächelte wehmütig. Da fragte niemand mehr. Sie öffnete dann ihre Beuteltasche und gab der Schwester Kreszentia fünfzig Gulden. Die hatte in ihrem ganzen Leben kaum je soviel Geld auf einmal in Händen gehabt. Sie fand keine Worte und schneuzte sich darum vor Rührung in die Schürze. Von den Geschwistern war sonst nur noch das jüngste Mädle im Haus; die anderen hatten sich verdungen und schafften in der Fremde. Dem Matthias, der auch herübergekommen war, hatte die Frau einen Jungen geschenkt. Er trug den Zweijährigen auf dem Arme; der Bengel hatte jetzt schon Maurerhände. Vater John sah zwar abgerakkert aus, strahlte jedoch in stiller Zufriedenheit.

Ja, und der Daniel! Du lieber Himmel! Der hatte nach Luisles jäher Abreise die Dinge nicht ganz durchschaut und sie darum auf seine Weise gedeutet. Kraft dieser Deutung war er hinuntergestapft in die Stadtmühle, hatte dem Kuno zwei Rippen gebrochen und dem Wunibald einen Eckzahn eingeschlagen. Die Folge war, daß sie ihn zu acht Tagen Einsitzen im Rathaus verurteilt hatten. Sie waren jedoch gezwungen gewesen, ihn schon am dritten Tag wieder herauszulassen; er hätte ihnen sonst nach den zwei Gefängniszellen auch noch das restliche Rathaus auseinandergenommen. Als er nach den drei Tagen vom Rathaus heruntergekommen war, hatte er sich sofort wieder in die Mühle begeben, um nun auch noch dem alten Willauer ein paar Rippen zu brechen. Da hatten sie ihn gar in Eisen legen wollen, scheuten aber schließlich das Aufsehen, das der Fall durchs ganze Schwabenland hin hätte erregen können. So ließen sie ihn ungeschoren. Er aber war wieder zum »Ochsen« gegangen und hatte seinen Dienst getan wie eh und je. Niemand durfte es wagen, ihn auf diese drei erlebnisreichen Tage hin anzusprechen; der erste und einzige, der sich dessen unterfangen hatte, mußte danach eine Woche lang das Bett hüten.

Abschließend meinte dann Vater John: »Nach dem ischt er wieder dr alte g'wese, der Daniel, und ischt es bis auf de heutige Tag bliebe!«

Das Luisle lächelte still in sich hinein: Der gute, wilde Daniel! Er wird sich freuen.

Und wie er sich freute! Als sie am anderen Tag die Lautengasse hinaufging, um sich auf dem Rathaus zu melden, kam er gerade vom Klosterhof herüber. Er rannte auf sie zu, packte sie und schubste sie ein paarmal in die Höhe, so wie man's bisweilen mit kleinen Kindern macht. Dabei plusterten sich ihre Röcke auf.

»Du u'anständiger Tropf!« sagte sie und schlug ihn sanft auf die Hand. »Was solle sich denn die Leut denke!« Er aber streichelte ihr übers Haar und lallte bloß: »Lieb's Haldeluisle!«

Es freuten sich auch jene Munderkinger, für die sie vordem wallfahrten gewesen war, und gaben ihr jetzt so viel, daß sie in diesem Herbst die heilige Stätte zweimal aufsuchen mußte; die Ertinger hatte sie ja auch.

Die größte Freude empfanden aber wohl die Kinder, denn jetzt würde es wieder die Krippe geben mit dem Hüterbuben, den drei Ziegen und dem großen Hund. Und mit der Königin von Saba! Und daneben die vielen Nikoläuse! Und das nickende Negerlein!

Gleich in den ersten Tagen nach ihrer Heimkehr wandte sich das Haldenluisle an den Herrn Syndikus, den Herrn Postsekretär, den Herrn Apotheker und an noch ein paar Einzelgänger und fragte, ob sie ihnen für ständig die Wäsche waschen und in Ordnung halten dürfte. Die meisten sagten zu, wußte man doch von früher, daß die kleine Johnin zuverlässig und sauber war. Auch zum Herrn Stadtpfarrer ging sie — nicht wegen der Wäsche, denn der hatte seine Wirtschafterin, sondern um sich nach seiner Mutter zu erkundigen, für die sie in Einsiedeln schon gebetet hatte. Pfarrer Kaspar Haßler fand diese Anteilnahme sehr aufmerksam, wenn er auch den lukrativen Beweggrund nicht verkannte. Leider hatte seine Mutter bereits das Zeitliche gesegnet. Indes kam ihm der Besuch des Haldenluisle sehr zustatten. Als ein gebildeter Mann und Schriftsteller obendrein interessierte er sich für die sonderliche Begabung des Mädchens, über die Blickweite gewöhnlich Sterblicher hinauszusehen. Er stellte ihr allerlei Fragen. Sie blieb ihm jedoch die meisten Antworten schuldig, weil sie sich selber über ihre Ahnungen nie Rechenschaft gab. Wenn sie etwas wußte oder schaute, was für andere verborgen blieb, so war das eben so, aus! Er fragte dann auch, ob sie nicht zu heiraten gedächte; mit siebenundzwanzig Jahren sei ja ein Weib bereits überfällig. Mit dieser Frage wollte er nur klären, in welchem Verhältnis sie etwa zum wilden Daniel stand. Darauf entgegnete das Luisle: »Ma soll nix verrede! Wenn aber 's Mädle zweimal aufbroche war wie 's dürre Erdreich und zweimol ischt dr Rege vorbeizoge, nochher muß es wohl dürr bleibe, des Mädle!«

Als das Haldenluisle die Amtsstube verlassen hatte, notierte Kaspar Haßler diesen Satz, denn er schrieb an einer Abhandlung über Hexen und Zauberer in Munderkingen und drum herum.

Nach den zwei Wallfahrten – die zweite hatte das Luisle von Rorschach aus mit der Schweizer Eisenbahn gemacht – bereitete sie die Weihnachtskrippe vor. Bis zum Dreikönigstag sollte das gewohnte Bild zu sehen sein; danach jedoch wollte sie über die ganze Zimmerbreite die kananäische Hochzeit aufbauen, so prunkvoll, daß kein Munderkinger achtlos an Johns Haldenhäusle vorüberzugehen vermöchte. Freilich wollte sie dafür anstatt nur eines Pfennigs deren zwei verlangen. 's wird ja alles teurer! sagte sie sich.

Schwester Kreszentia, der sie von dem neuen Plan erzählte, war so entzückt, daß sie gleich in ihren Harfennoten nach einem schwungvollen Hochzeitsmarsch herumkramte. Dazu fand sie sogar noch ein Brautlied, das man der Mutter – Gott hab sie selig! – beim Polterabend anno dazumal gesungen hatte. Sie wird es mit dem Luisle zweistimmig vortragen, besonders den schönen Kehrreim, der so herzergreifend ist:

Seid gegrüßt mit süßem Freudenschalle!
Unser Lied ertön' mit mächt'gem Schwalle!
Lebet glücklich bis zu hundert Jahr,
Und dann träumt, wie schön es heute war!

Es fiel der erste Schnee, und das Haldenluisle stellte die Krippe auf wie immer. Die Kinder kamen scharenweise und sperrten den Mund auf, jeweils für einen Pfennig; erst die Hochzeit zu Kana sollte zwei kosten. Dann war Dreikönig. Die ganze Nacht zuvor hatten die Schwestern gehämmert, geleimt, geflickt und gestrichen – bis in den Morgen hinein. Nach dem Pfarrgottesdienst eilte das Luisle in ihre Kammer und zog das lange schwarze Kleid an, das sie sich heimlich in den Feierstunden auf dem Freihof genäht hatte. Ein Prachtkleid! Auf die rechte Kragenseite steckte sie sich eine Phantasieblume aus weißem Samt. So stieg sie hinab in die Krippenstube, wo unter Kreszentias Aufsicht schon eine Schar Kirchgänger das Negerlein hatte jeweils zweimal lustig nicken lassen.

Sie staunten, und das Luisle erläuterte, was man da alles sah.

Man sah den Hochzeitslader mit einem buntbebänderten Stab ganz vorne würdevoll dahinschreiten; er mußte von Haus zu Haus gehen und sein Sprüchlein aufsagen. Gleich hinter ihm kam die Hochzeitskutsche gefahren. In ihr saß nur der Bräutigam mit Zylinder; er wollte die Braut von ihrem Elternhause abholen und zur Kirche am Berg führen. Vor diesem Brauthause stand die herrlich gedeckte Hochzeitstafel. Es saß noch niemand daran; nur ein frecher Junge aus der Nachbarschaft hatte sich herzugeschlichen und tauchte seine ganze Hand bis an den Ellenbogen in die Suppenschüssel. Aber die dicke Köchin war schon mit dem Rührlöffel unterwegs. — Der königlich-württembergische Postbote durfte nicht fehlen. Er quälte sich mit einem Schubkarren voller Briefe und Pakete den Hang herauf. »Er schwitzt schon; sie werden ihm ein gutes Trinkgeld geben müssen!« — Unter einer hohen Fichte saß der Jäger und schoß auf Hasen, die querfeldein liefen. Fünf erlegte waren zu seinen Füßen aufgeschichtet; der Hund beschnupperte sie. Dieser Hund war dem Haldenluisle nicht recht geglückt. Sie hatte ihn nämlich aus dem Kamel des schwarzen Heiligen Dreikönigs gemacht, und der Buckel ragte noch in die Höhe. — Ganz links lag auf grüner Wiese ein blauer Teich, davor stand mit erhobenen Armen »die verschmähte Braut«, die der böse Bräutigam ausgeschmiert hatte. »Sie stürzt sich vor bitterem Gram und Leid hinab in das tiefe Wasser. Doch dort kommt der menschenfreundliche Delphin geschwommen. Er wird sie auf seinen Rücken nehmen und ans andere Ufer tragen, wo schon der neue Bräutigam wartet mit ausgebreiteten Armen.« – Schlimmer sah es auf der rechten Seite aus. Da stand »der verschmähte Liebhaber«, dem die Braut den Laufpaß gegeben hatte. Er stand unter einem Baume, von dem ein Hanfstrick mit einer Schlinge herunterhing. »Der dumme Tropf will sich gar erhängen.« Und weiß Gott, hinter dem Baume grinste schon der gehörnte Satan mit einer Zange in der Hand. »Der will dem Erhängten die Seele aus dem Leib reißen und in den Höllenpfuhl hinunterschmeißen.« Tatsächlich sah man ganz hinten aus einer Felsspalte gemalte Flammen züngeln. Und wenn man genau hinroch, stank es dort sogar. Wieso stank es? Na ja, in der Spalte hatte das Luisle halt ein wenig Hühnerdreck versteckt! – Auf dem Kirchberg standen neben dem ziegelroten Gotteshaus drei Böllerer. »Die werden's donnern und dröhnen lassen, wenn die Hochzeitskutsche heraufkommt. Das ist auch das Signal für die verschmähte Braut, sich in den Teich zu stürzen, und für den verschmähten Liebhaber, sich aufzuhängen.« – ». . . und für de gehörnte Satan, daß er ihm d' Seel rausreiße ka!« ergänzte ein kleiner Junge. Da lachten alle.

Bis Lichtmeß stand die Hochzeit zu Kana, und bis Lichtmeß stand das Haldenluisle – selbst wie eine Braut in Schwarz mit der weißen Blume – erklärend davor. War aber die Erklärung beendet, so ertönte das alte Brautlied, und beim Auszug der Gäste der Hochzeitsmarsch in C-Dur auf der Harfe.

Bunte Nikoläuse konnten mitgenommen werden; sie waren aber extra zu bezahlen. –

Es verging die Zeit.

Luise John wallfahrtete alljährlich einmal, auch zweimal, mitunter sogar dreimal zur Schwarzen Madonna nach Einsiedeln, meistens zu Fuß, nur wenn das Wetter gar nicht mittat, auch ein Stück mit der Bahn. Sie sagte ihre Wallfahrten an, sie nahm die frommen Gaben entgegen, und sie brachte zum Beweis ihrer Fahrt die gewünschten Andachtsgegenstände mit. Sie besorgte die Wäsche ihrer Herren zu deren voller Zufriedenheit, und als der Stadtpfarrer Haßler 1859 unerwartet starb und der bisherige Rektor der Lateinschule, Franz Xaver Kriegstötter, in seine Fußstapfen trat, betraute auch er sie mit der Pflege seiner Gewandung; denn er duldete in seinem Hause kein weibliches Wesen. Essen aber ging er — jeweils eine Woche lang — reihum in Munderkingens Gastwirtschaften. Luise John stellte jedes Jahr ihre Krippe auf, erfand immer wieder neue Szenen auf der heiligen Landschaft und trug in den Wochen der kananäischen Hochzeit stets das lange schwarze Kleid mit der weißen Samtblume rechts auf dem Revers des Kragens.

1864 starb nach einer schier unmenschlich langen Regierungszeit der achtbare König Wilhelm. Seine dritte Frau Pauline hatte ihm nicht viel bedeutet; dagegen soll er während der letzten Monate nicht selten von der einstigen Hofschauspielerin Almaray von Rauch gesprochen und bedauert haben, daß sie eine Nonne geworden war. Sein Sohn und Nachfolger Karl marschierte am Leitseil seiner selbstbewußten Gemahlin, der russischen Großfürstin Olga. Ob sie daran schuld war, daß er sich stark an den preußischen Herrn von Bismarck lehnte und deshalb mit in den Siebziger Krieg gegen Frankreich einsteigen mußte, soll nicht erwiesen sein; es wird aber bisweilen behauptet.

Von den Nonnen und der »Wacht am Rhein«

Almaray von Rauch, seit ihrer Profeß Mater Placidia, wirkte jetzt im Kloster Reute, wo einst die schöne Gute Beth als Küchenmagd den Weg der Entsagung gegangen war und den Segen der Ordensgemeinschaft genossen hatte. Zu sechst hatten sie mit ihrer Schwesternkongregation in Ehingen begonnen; jetzt saßen ihrer sechsundachtzig im Schlößchen zu Reute an den Tischen franziskanischer Armut. Noch immer bestand ihre Aufgabe darin, den Mitmenschen zu helfen, namentlich den leidenden.

Mater Placidia, wegen ihrer höheren Bildung Sekretärin der ehrwürdigen Mutter Oberin und zugleich geschulte Krankenschwester, schrieb jedes Jahr am Tage des heiligen Lazarus einen Brief nach Munderkingen ans Haldenluisle. Darin dankte sie ihr für das am Federsee gerettete Leben und empfahl sich ihrem Gebet bei der Gottesmutter von Einsiedeln. In diesem Jahr 1870 allerdings schrieb sie ihr schon um Lichtmeß und ersuchte sie, bald nach Reute zu kommen, sie hätte ihr etwas Wichtiges zu sagen.

Nun war leider der Daniel, der mit dem Fuhrwerk manchmal in Reute zu tun hatte, nicht mehr da; sie hatten ihn zu den Soldaten geholt und wegen seiner Kraft und Größe zum Regimentsfahnenträger gemacht. Weil 's Luisle mit dem neuen Knecht nicht fahren wollte, blieb ihr nichts anderes übrig, als zu Fuß zu gehen. Das war zwar um diese Jahreszeit beschwerlich, indes, wie viele tausend Kilometer hatte sie auf ihren nahezu fünfzig Wallfahrten schon abgestrampelt!

Sie kam nach Reute ins Schlößchen der Klostergemeinde und wurde von Mater Placidia wie eine leibliche Schwester umarmt. Sie erhielt eine Zelle, wo sie ausschlafen konnte, und tags darauf eröffnete ihr die Mater ihr

Anliegen. »Luisle, wir haben miteinander als Tertiarinnen angefangen; ich bin mittlerweile Nonne geworden, und du bist immer noch ledig.«

»Werd's wohl au bleibe mit meine Vierzig!« unterbrach das Haldenluisle.

Mater Placidia fuhr fort: »Wir sind also beide nicht gebunden und könnten darum eine Aufgabe übernehmen, die allenfalls ans Leben greift. Ich kann deine großen Augen verstehen. Ich muß dich deshalb bitten: Was ich dir jetzt anvertraue, darf den Rand deiner Lippen nicht überschreiten, ehe es Wirklichkeit ist!«

»Sprecht nur, Mater!« sagte das Luisle. »I hab, glaub i, zehnmol mehr Geheimnisse erfahre als Ihr!«

Die Nonne rückte ihren Stuhl näher: »Bald wird es zu einem Krieg mit Frankreich kommen, und Württembergs Armee muß mitziehen. Da wird es Verwundete geben. Darum hat uns die Heeresleitung um Begleitung von Spitalzügen gebeten und um Einsatz in Kriegslazaretten.«

Mater Placidia schwieg. Als ehemalige Schauspielerin von Rang wußte sie um den künstlerisch wirkungsvollen Wert einer Pause: Gut plaziert, zwingt sie zum Denken!

Und das Haldenluisle dachte.

Dachte lange.

»Liebe Mater Placidia, 's Bete hab i g'lernt; wie ma mit Wunde umgeht, woiß i net!«

»Mädle, du wärst immer bei mir; und ich hab's gelernt.«

»Dann in Gott's Name!« —

Am 19. Juli 1870 fuhr die ehrwürdige Mutter Rosa, mit ihrem weltlichen Namen Aloysia Bauer, Oberin der jungen Franziskanerinnen-Kongregation von Reute, mit sieben Schwestern und der Tertiarin Luise John nach Loigny in Frankreich, wo württembergische Verwundete lagen. Das Regiment war auf harten Widerstand gestoßen, doch die wackeren Schwaben hatten sich nit geforchten, sondern waren in die Franzmänner hineingefahren wie der Bär ins Ameisennest; das hatte natürlich auch Blutzoll gekostet.

Jetzt stöhnten die Blessierten in der Sommerhitze auf der Tenne einer Gutshofscheune. Die Wundärzte gingen durch die Reihen, schnitten und stachen, wo's not tat, und donnerten wohl auch den einen oder anderen kräftig zusammen, wenn er seine Schmerzen übergebührlich betonte. Hinter den Ärzten kamen wie Engel, versöhnend und ausgleichend, die Schwestern. Sie wuschen, verbanden, salbten und sagten tröstende, aufmunternde Worte. Sahen sie einem an, daß er elend litt — dafür besaßen sie ein untrügliches Auge —, dann zogen sie aus ihrer braunen Kutte eine Flasche gebranntes Wässerle hervor und reichten ein Becherlein. Denn auch dieses Wässerle ist eine Gabe Gottes!

Nach vierzehn Tagen stand dem Eisenbahntransport der Kampfunfähigen nichts mehr entgegen. Auf dem Bahnhof von Loigny war es fast finster. Ein langer Zug wurde zusammengestellt. In letzter Minute brachten sie auf drei Ochsenkarren noch ein paar ganz schwere Fälle, die im Heimatlazarett oder zumindest hinter der Front von Spezialärzten behandelt werden mußten. Drei Schwestern sollten sie betreuen, denn der Standortarzt, der am Bahnhof auf und ab schritt, hatte befohlen, die armen Kerle müßten mit ihren Karren auf platte Güterwagen verladen werden; zu jedem Karren eine Schwester. Die ehrwürdige Mater Rosa übernahm den ersten, Mater Placidia den zweiten. Auf dem dritten lagen nur drei Mann. »Übernimmt die Kleine!« befahl der Sanitätsoffizier und meinte damit das Haldenluisle. Flugs waren sie oben. Irgendwo blinkte eine grüne Laterne auf, die Lokomotive pfiff, der Zug voller Schmerzen rollte in die Nacht hinaus. Vor ihnen saß ein Bremser am Waggonrand und sang: »Lieb Vaterland, magst ruhig sein!«

In der Ferne zuckten Explosionslichter am Himmel, darunter stiegen Feuerfetzen auf: ein brennendes Dorf. 's sind au Leut, die lebe wolle! sagte das Haldenluisle zu sich und zog den Rosenkranz heraus.

Da kamen Soldaten, die während der Fahrt von Waggon zu Waggon sprangen. Sie brachten Laternen mit abgeschirmtem Licht. Jetzt konnten die Schwestern ihre Schwerverwundeten anschauen; mehr zu tun war ihnen sowieso nicht möglich.

Das Haldenluisle trat an den Karren. Drei Männer, zwei kleinere, ein Riese. Der Riese lag ruhig da mit abgewandtem Gesicht; die kleineren schauten zu ihr her, Neugier in den blutunterlaufenen Augen, vielleicht auch Lebensgier. Ob sie fieberten? Gegen das Fieber hatte sie Pillen bei sich. Sie langte dem einen auf die Stirn, dann dem anderen. Der kalte Schweiß, der ihnen in den Furchen stand, verriet kein Fieber; er kündete eher den baldigen Tod an, denn beiden hatte es den Leib aufgerissen. So durfte sie ihnen nicht einmal ein Gebranntes eingeben.

Wortlos kehrte sie sich von ihnen ab, dem Riesen zu. Aus seinem rechten Mantelärmel sickerte Blut heraus. Sie hob die Laterne und hielt sie ihm nahe ans Gesicht.

Näher.

Ganz nahe.

»Daniel!« flüsterte sie, und noch einmal: »Daniel!«

Er schaute sie eine kleine Weile an, so wie wenn er eben erst aufgewacht wäre. Dann flog ein Lächeln auf seinen schmerzverzerrten Mund, und er sagte: »Mei Luisle! 's hot mr de rechte Arm wegg'risse; aber den Willauer, den pack i au no mit'm linke!« Dann wandte er den Kopf wieder zur Seite.

Sie stellte die Laterne auf den Boden, so daß man ihr Gesicht nicht erkennen konnte, und weinte heftig. —

In Stuttgart stürzten viele Ärzte und Helfer auf den Sanitätszug. Die drei Schwestern aber kehrten mit dem nächsten nach Loigny zurück, denn der Krieg ging weiter, »la guerre continue!«, wie es auf den verlassenen französischen Bahnhöfen, die sie passierten, in erschrekkend großen Lettern geschrieben stand. Trotzdem wollte er der »großen Nation« nicht recht geraten. Im Gegenteil, am 2. September mußte sich der französische Kaiser Napoleon bei der Festung Sedan gefangen den Deutschen ausliefern. Darauf stellten sie sogenannte Volksheere auf, denn inzwischen hatten sich die Franzosen wieder einmal eine Republik gebastelt.

General Obernitz und seine Württemberger, zu denen auch die drei Schwestern gehörten, kamen Mitte Dezember mit einem dieser Heere, der Loire-Armee, bei Villiérs in harte Gefechtsberührung. Sieben Tage wogte der Kampf erbittert hin und her; beiderseits mußte man sich hohe Verluste bescheinigen. In den Morgenstunden des 23. Dezember fiel während eines heftigen Schneetreibens die Entscheidung zugunsten der Württemberger. Als man am Mittag die Toten begrub, fand man unter ihnen auch die Mater Placidia. Die ehrwürdige Mutter Rosa und das Haldenluisle brachten die Tote ins Feldlazarett nach Loigny.

Tags darauf war der Heilige Abend.

Weil an diesem Frontabschnitt Ruhe eingetreten war, hatte Prinz August vom Gardekorps seinen Besuch in Loigny angesagt, um Lob und Auszeichnungen zu verteilen. Alles richtete sich her; auch die gefallenen höheren Dienstgrade wurden parademäßig aufgebahrt, ganz vorn am rechten Flügel Mater Placidia. Der hohe Gast erschien um drei Uhr und schritt die Front der Toten ab. Dann würdigte er in einer kurzen Ansprache die Beweise von Mut und Tapferkeit, die sie alle geliefert hatten, und schloß mit den Worten: »Obwohl es nicht zu ihrer Aufgabe gehörte, hat sich diese Schwester Placidia bis in die Frontlinie gewagt, um verwundeten Kameraden ihre Hilfe zu bringen. Diese Frau, die Tochter eines bayerischen Gardeoffiziers, einst eine berühmte Hofschauspielerin, wird im Auftrag Ihrer Königlichen Majestät als erste mit dem neugegründeten Königin-Olga-Orden ausgezeichnet.« Darauf legte er ihr und den anderen Gefallenen die Medaille auf die Brust. Als er dann die Reihen der Lebenden inspizierte und neben vielen auch dem Haldenluisle die Kriegsgedenkmünze überreichte, überkam sie bei seinem Anblick plötzlich eine Ahnung: Sie sah die Augen der Königinmutter Pauline auf sich gerichtet.

Der Krieg setzte sich noch ins neue Jahr hinein fort. Am 1. März 1871 rückten die deutschen Truppen in Paris ein; am 16. März kamen die heimkehrenden württembergischen Soldaten in Stuttgart an. Acht Tage darauf war das Haldenluisle wieder in Munderkingen. Sie mußte gleich aufs Rathaus kommen. Der Stadtschultheiß überreichte ihr ein Geschenk von fünfzig Gulden, weil sie ihrer Heimat so große Ehre angetan hatte. Der Daniel war schon lange wieder beim Ochsenwirt, der sich einen Batzen einbildete, einen so tapferen Knecht zu haben. Bei der ersten Begegnung mit dem Luisle bekam der Daniel nasse Augen, was ihm kaum je im Leben passiert war. Der Krieg und wohl auch der Verlust des Armes hatten ihn empfindsam gemacht. Er sah gut aus und strotzte wieder vor Kraft, nur benahm er sich mit der Linken eben noch etwas linkisch.

Auch das Luisle war in diesem Dreivierteljahr anders geworden, ernster und einsamer. Sie suchte jetzt ihre Wäscheherren wieder auf, ging die nächste Wallfahrt ansagen, hielt sich jedoch sonst stundenlang in ihrer Kammer auf. Allen Fragen darüber, wie es denn drüben in Frankreich gewesen sei, ging sie aus dem Wege, so daß manche tuschelten, sie werde halt mit irgendeinem Mannsbild ein Erlebnis gehabt haben und dann sitzengelassen worden sein; bei so was würden ja die Weiber stets etwas eigen. Andere freilich, die sie näher kannten, meinten, sie habe sicherlich zuviel Leid gesehen.

Eines Tages im Mai war sie verschwunden. War sie wieder wallfahrten gegangen oder besuchte sie Bekannte in Ertingen? Niemand wußte es, denn sie hatte sich niemandem gegenüber geäußert. Der Vater und die Schwester Kreszentia machten sich Gedanken, hegten sogar stille Befürchtungen.

Luise John aber pilgerte wieder einmal, jedoch nicht wie sonst für die anderen, sondern diesmal in eigener Sache; und sie kam nach Reute. Sie kehrte in die Kirche ein, um am Grabe der seligen Guten Beth Erleuchtung in den Wirrnissen ihres Herzens zu finden. Sie kniete sich auf der Epistelseite hin und schaute zu den Wandbildern empor. Da sah sie die fromme, schöne Jungfrau an einem Webstuhl sitzen und arbeiten. Es wollte ihr aber nichts gelingen, denn über dem Webrahmen hockte ein häßlich beflügelter Teufel und griff mit den Krallen zupfend und zerrend in die wohlgezogenen Fäden hinein.

So ist's! dachte sich 's Luisle, erhob sich und begab sich hinüber ins Schlößchen, wo die Mater Oberin Rosa wohnte. Die war nicht wenig erstaunt, die ehemalige Gefährtin wiederzusehen.

»Schwester Luise!«

»Ehrwürdige Mutter, mir geht's wie der lieben Guten Beth: der Satan verwirrt mir die Fäden!«

»Das ist seine Aufgabe! Er muß verwirren und die Menschenherzen durcheinanderbringen, sonst wär er kein Satan! An uns ist es, kaltes Blut und klaren Geist zu bewahren.«

»Das ist's ja, ehrwürdige Mutter; der klare Geist fehlt! Den meinen solltet Ihr mir jetzt klären helfen! Ich tät Euch schön darum bitten!«

Mater Rosa lächelte und faßte das Luisle an der Hand: »Ausgerechnet du, liebe Schwester, mit deiner tapferen, selbstlosen und zupackenden Art? Das darf doch nicht wahr sein! Setz dich her und rede dir alles von der Seele weg! Denn ein gewichtig Wort, dem anderen mitgeteilt, wiegt nur noch halb!«

Die kleine, grazile Frau in ihrem verstaubten Pilgerkleid und mit den noch verstaubteren bloßen Füßen verkroch sich in eine Ecke des großen Lehnstuhls und versteckte die braunen Hände in den Ärmeln: »Ihr wißt, daß ich jetzt vierzig bin. Ich hab keinen Beruf, ich kann nix. Ich bin schmächtig, und kein Mann tät mich heiraten. Ich will auch gar keinen Mann!«

Die Oberin unterbrach: »Warum?«

»Warum? Ihr habt's doch selber miterlebt in den Lazaretten und auf den Zügen! Die Männer wollen immer nur das eine!«

Wieder unterbrach Mater Rosa: »Du mußt sagen: die Männer in Uniform! Die Uniform uniformiert nämlich auch den Charakter, und zwar auf der niedrigsten Stufe; sie macht Herdenvieh. Der Krieg braucht das. Aber jetzt ist er gottlob vorbei, und so wird auch für dich noch irgendwo ein Mann herumlaufen, der dich mag und den du mögen könntest. Freilich, ein so feines Ding wie du brauchte auch einen feinen Mann; die sind jedoch rar.«

»Eben deswegen, ehrwürdige Mutter, will ich mich auch weiter gar nicht umsehen, sondern bei Euch als Franziskanerin eintreten. Meint Ihr, daß ich da klar sehe?«

Mater Rosa sah vor sich hin und dachte lange nach, ehe sie mit fester Stimme sagte: »Nein! Du siehst weder klar noch dürftest du je Nonne werden! Irgendwo in der Bibel heißt es: ›Einen fröhlichen Geber liebt unser Herrgott.‹ Du bist doch nicht fröhlich! Dein Opfer wäre das Resultat der Ausweglosigkeit; und solche sind mehr als fragwürdig. Geh du deinen schönen Weg weiter wie bisher! Unsere Zeit hat betende Menschen ebenso nötig wie opfernde; dabei sind deine Wallfahrten Opfer genug. Geh heim, liebe Schwester Luise, und triff keine Entscheidung, ehe dein Herz nicht ganz fröhlich ist!«

Niedergeschlagen verließ das Haldenluisle die Ruhestätte der Guten Beth. Die Selige war offensichtlich nicht auf ihrer Seite, sonst hätte sie der Mater einen seelischen Rippenstoß versetzen müssen bei ihrem Nein. Immerhin, ganz so wirr wie vorher war's jetzt in Luisles Herzen nicht mehr. Irgendwo hatte sie einen festen Ausgangspunkt: nämlich dieses Nein!

Von Großvaters Geheimbuch und vom Doktor Ströbele

Das Haldenluisle machte heimzu einen Umweg und kam auch nach Wolpertswende. Hier, so erinnerte sie sich, war es gewesen, wo sie in einer Torfstecherhütte gelegen war.

Sie ging aber nicht zur Hütte, sondern in die Kirche. Da sah sie die liebliche Madonna, die dem göttlichen Kinde einen Apfel reicht. Wunderbar! sagte sie zu sich. Da ist das Kind, der Mitschöpfer aller Welt, und nimmt aus der Hand, die es geschaffen, die Frucht, die es auch geschaffen hat! Ein Glück, daß man's glauben kann; man müßte sonst verzweifeln!

In Otterswang kehrte sie auf einen Augenblick beim heiligen Oswald ein und sprach vor seinem Bild: »Dich rufen sie an, wenn sie mit ihrem Herzen nicht fertig werden, die Verliebten, die Verheirateten, die Verschmähten; ich werde auch nicht fertig mit meinem Herzen und bin doch nicht verliebt und nicht verheiratet und nicht verschmäht. Du könntest das in Ordnung bringen, heiliger Nothelfer!«

In Buchau blieb sie bei einem Feldkreuz stehen, hinter

dem sich die stille Fläche des Federsees ausbreitete, und gedachte der großartigen Mater Placidia: Gute Schwester, mir war's vergönnt, dich zu retten; jetzt dürftest du mir in meinem Nebel begegnen! Und der Herr geb dir die ewige Ruh! — Während sie so betend über den See hin redete, gedachte sie des Heiligen Abends zu Loigny.

Dann kam sie heim. Als sie die Treppe hinaufstieg und ihre Kammertür öffnete, wußte sie's mit einem Male: das Geheimbuch des Großvaters! Die Frau Königin merkt, daß in ihrer Sanduhr die letzten Körner rieseln. Sie hätte, ehe es aus ist, gern noch einen Blick in die Familienverborgenheiten ihres Gatten geworfen, ob sie vielleicht daraus erführe, warum er ihr bis zu seiner äußersten Stunde ein Fremdling war.

Das Haldenluisle zog eine Kommodenlade auf, griff unter die Wäsche und nahm das Buch heraus. Sie tat es in die Beuteltasche und verwahrte beides.

Als sich der August zum Ende neigte und die Raben drüben auf der Insel jenseits der Donau wieder durch ihr Gekrächze den Hunger betäubten, machte sich das Luisle auf nach Einsiedeln. Zur Litanei mitmenschlichen Leids, das sie im Hause der Mutter abladen wollte, gesellte sich diesmal das eigene Elend. Bisher bestand ihre Aufgabe nur darin, der schwarzen Madonna die treulosen Männer, mißratenen Kinder, zerbrochenen Ehen, todkranken Angehörigen, aufsässigen Dienstboten, verleumderischen Nachbarn, rotzigen Gäule und von der Milch gefallenen Kühe vorzustellen; diesmal sollte die himmlische Frau ihre erbarmenden Augen auch noch auf ihr eigenes Bündel Wirrsal und seelischer Finsternis werfen.

Als das Haldenluisle hinter Rorschach an Schloß Seefeld, dem Sommersitz der Königinmutter, vorbeikam, fragte sie, ob es möglich wäre, die hohe Frau zu sprechen. Der Portier verneinte.

Ob sie denn überhaupt im Schlosse sei?

Der Mann verneinte abermals.

Sei sie vielleicht krank oder was?

Er zuckte die Achseln.

Könne er ihr sagen, wo sie sei?

Können schon, aber nicht dürfen!

Ob denn die Mamsell Cilly noch im Schlosse sei?

Die schon!

Dürfe sie die sprechen?

Der Mann machte sich an einem Schlauch, einem Sprachrohr, zu schaffen und rief nach irgendwohin wegen der Mamsell Cilly. Bald kam sie langsam die Doppeltreppe herab. Sie schien es im Kreuz zu haben. Als sie das Haldenluisle sah, schlug sie die Hände vorm Gesicht zusammen: »Sieht man Euch auch wieder einmal? Was macht Ihr denn bloß, daß Ihr gar nicht älter werdet? Wie lieb, mich zu besuchen!«

Und sie packte das Luisle am Arm und nahm sie mit sich ins Schloß.

Sie unterhielten sich bis in die tiefe Nacht hinein. Dabei berichtete die Cilly, daß die Königinmutter schon zwei Jahre nicht mehr nach Seefeld gekommen sei. Sie sei nämlich dabei, eine Chronik oder so etwas Ähnliches zu schreiben, und habe sich deshalb auf das Lustschloß Rosenstein zurückgezogen; so könne sie leichter an das Archiv heran. Sie empfange jedoch kaum Besuche.

»Ich hätte ihr aber ein wichtiges Büchlein zu geben«, sagte das Luisle.

»Das könnt Ihr wohl, Mamsell; Seine Exzellenz von Lehr ist hier im Hause und reist morgen oder übermorgen nach Stuttgart. Er ist der Geheimsekretär Ihrer Majestät und nimmt das Büchlein sicher gerne mit.«

»Könnt ich mit Seiner Exzellenz reden?« fragte das Luisle. »Wahrscheinlich kennt er mich noch!«

Bedenklich meinte die Cilly: »Ob er Euch noch kennen wird? Er ist alt geworden. Wenn es sich jedoch um seine

Herrin handelt, tut er alles. Ich werde ihm sagen, daß Ihr von ... woher seid Ihr?«

»Von Munderkingen!« –

Das Haldenluisle bekam wieder jenes Zimmer, in welchem ihr der königlich-württembergische Hoflampist begegnet war, der ihr das Herz aufgeschlossen hatte, ohne einzudringen. Als sie sich entkleidet hatte, zog sie aus ihrer Beuteltasche jenes Brieflein hervor, das damals über dem feinen Schlafkleidchen auf dem Bett gelegen war: »Allerliebstes Mamsellchen ... Immer und immer Euer Ambros!« Und genauso wie damals kniete sie sich vor dem Bett nieder.

Seine Exzellenz von Lehr besaß ein hervorragendes Gedächtnis. Die Cilly hatte kaum zu Ende gesprochen, wußte er schon, wer diese Munderkingerin war. Er bat sie sofort zu sich.

»Liebe Mademoiselle John, wenn es sich um jenes Geheimbuch Eueres Großvaters, des damaligen Hofbaders, handelt, dann könntet Ihr unserer guten Majestät wohl keine größere Freude bereiten.«

Das Luisle zog das Büchlein aus der Beuteltasche: »Der Großvater hat gewollt, daß ich niemanden hineinschauen laß. Ich glaub aber, bei der Frau Königin hätt auch er eine Ausnahme gemacht, besonders jetzt, wo sie sowieso bald stirbt.«

Den von Lehr riß es entsetzt in die Höhe: »Was sagt Ihr da?«

Ruhig fuhr das Luisle fort: »Das braucht Ihr der hohen Frau nicht auszurichten. Mög ihr die Freude über Großvaters Büchle noch ein Lebensjahr dazuschenken! Ich wünsch ihr's gerne.«

Der von Lehr erhob sich wieder an seinem Arbeitstisch, nahm das Buch entgegen und reichte dem Haldenluisle mit einer ganz respektvollen Verneigung die Hand: »Mademoiselle, Ihr habt viel Seele! Ich danke Euch im Namen

Ihrer Majestät!« Und — was dem Luisle im Leben noch nie passiert war — er tat, als küßte er ihr die Hand. —

Ein gutes Jahr danach starb die Königinmutter Pauline von Württemberg. In einem ihrer letzten Gespräche mit dem Geheimsekretär hatte sie auch an Luise John aus Munderkingen gedacht und ihm hundert Mark in Gold für die kleine »aimable« Demoiselle übergeben. —

Um eine Sorge reicher, setzte das Haldenluisle die Wallfahrt fort. Alles verlief wie eh und je. Vor der goldenen Immakulata im Liebfrauenbrunnen kniete sie hin und dankte dafür, daß sie den Krieg mit seinen Fährnissen für Leib und Seele glücklich überdauert hatte. Als sie betend den Stationenweg dahinschritt, spürte sie, daß sie nicht allein war. Und bei der lieblichen Statue der Hoffnung mit dem Anker erwog sie, daß ein christlicher Mensch trotz allem die Flinte nicht ins Korn werfen dürfe.

An einem jener durchsonnten Septembertage, die Munderkingen so schön machen, kehrte sie wieder zurück. Der Zufall wollte es, daß sie beim Obertor dem alten Herrn Doktor Ströbele begegnete.

»Da seht euch das berühmte Mädle an!« rief er schon von weitem. »Macht sich rar in unserem Städtle!«

»Net rar, Herr Doktor, wirklich net!« antwortete das Luisle. »Komm grad von Einsiedeln. Hab vor der Muttergottes auch an Euch gedacht.«

»Das ist schön, wenn eins heutzutage noch betet. Man braucht's, wo's bald ans Absterbens-Amen geht, daß man drüben noch mit hineinrutscht. Aber wie siehst du denn aus, Mädle? Ganz grau! In den nächsten Tagen erwart ich dich! Adieu!«

An einem dieser nächsten Tage klopfte das Haldenluisle bei dem braven Medikus an. Als sie zu ihm ins Zimmer trat, lachte er lauthals auf, so daß sie ihn schier erschreckt anstarrte. »Entschuldige, liebes Kind«, sagte er, »aber bei deinem Anblick hab ich wieder an die Fuchsleber und die Demokratie denken müssen! Das war ein Husarenstreich!«

Und er lachte, daß ihm Tränen in die Augen stiegen.

Meinte das Luisle: »Ischt a guts Rezept g'wese! Wißt Ihr übrigens, was aus dem Kerl g'worde ischt?«

Der Doktor dachte ein Weilchen nach: »Wenn ich mich recht erinnere, haben sie ihn zu den draufgängerischsten Infantristen gesteckt, wie das bei solchen Gesellen so der Brauch ist, und da soll er im letzten Krieg an der Loire gefallen sein. Doch lassen wir ihn! Jetzt bist du dran! Setz dich her zu mir!«

Zuerst schaute er ihr lange in die Augen. Dann mußte sie die Hände vor ihm auf den Tisch legen. Er streifte seinen Ehering ab, fädelte ein Stück Zwirn durch und begann über ihren Händen zu pendeln. Lange machte er das, ohne daß das Pendel gezuckt oder ausgeschlagen hätte. Schließlich legte er's zur Seite, setzte seine Brille auf und sagte: »Wärst du vor zwanzig Jahren bei mir gewesen, hätte ich dir einen Mann verordnet. Heut ist's zu spät. Aber so seid ihr Weibsbilder! Anfangs ziert ihr euch, wenn einer kommt; nachher ziert ihr euch nimmer, aber 's kommt keiner. Was aber kommt — und das ist bei dir schon sehr früh! —: der Wechsel. Ich bin überzeugt, daß das der Krieg bewirkt hat. Wie immer auch, wir müssen's nehmen, wie's ist!«

»Und was schätzt Ihr, wie lange das dauern wird?« Das Luisle sprach's mit weinerlicher Stimme.

»Mein liebes Kind, das weiß unser Herrgott allein! 's kann sogar zehn Jahre dauern. Zehn Jahre leibliche Nöte, zehn Jahre seelische Depressionen! Das ist eine verdammte Prognose, wo du erst am Anfang stehst. Was soll ich jedoch um den heißen Brei herumgehen? Du bist ein christlicher Mensch, du wirst's mit christlicher Geduld ertragen! Was zählte denn die Religion, wenn sie uns nicht zu beherzten Kreuzträgern machte, wo doch die ganze Welt voll von Kreuzen ist!«

Jetzt weinte das Haldenluisle.

Er erhob sich, nahm's in seine Arme und drückte es sanft an seinen dicken Bauch: »Und wenn du gar nicht mehr weißt, wie's weitergehen soll, dann komm zum alten Doktor Ströbele, vorausgesetzt, daß er noch nicht bei den Würmern ist!«

Er geleitete sie hinaus; unter der Tür sagte er: »Du alterst nicht, das ist eine Gnade. Außerdem bist du so gesund, daß hundert Jahre für dich ein Kinderspiel sind!«

Da machte sie doch wahrhaftig vor ihm einen Knicks wie Jahrzehnte zuvor in der Lateinschule. —

Den Winter hat der hochgeschätzte Mann noch mitgemacht; im Frühjahr starb er. Gleich danach ist das Haldenluisle eigens und ganz allein für ihn auf Wallfahrt gegangen.

Von den Nebelleuten und vom Laternenfest

Es müssen jetzt in Haldenluisles Leben zehn Jahre überschlagen werden. Nicht, als ob die Frau in dieser Zeit nichts erlebt hätte. Gott bewahre! Sie hat viel erlebt, denn sie hat zehn Jahre lang den Alltag gelebt. Nun ist es aber so: Den Alltag, ohne Höhepunkte und ohne Tiefpunkte, kann man nicht aufschreiben, den kann man eben nur erleben und durchleben — durchstehen. —

Das Haldenluisle kehrte wieder einmal — zum soundsovielten Male! — von der Einsiedler Wallfahrt zurück. Es war Mitte September, abends. Die Sonne hatte sich bereits hinter Sigmaringen zur Ruhe begeben; ein zartes Lüftchen strich vom Federsee herüber; das Luisle wollte im Heiliggeistspital zu Buchau übernachten. In der Frauenstube hockten ein paar stinkende alte Weiber, die der Spitalmeister nur aufgenommen hatte, weil sie sonst in den Wirtschaften mit den Kellerknechten Schindluder getrieben hätten. Das Luisle beabsichtigte zu warten, bis sie eingeschlafen wären, und begab sich darum zur Stadt hinaus, zu jenem Feldkreuz, hinter dem aus dem See die ersten blauen Nebel stiegen.

Diese Nebel am Federsee! In ihnen versammeln sich die Geister aus urgrauer Vorzeit, die Geister jener Alemannen und Hungern, die im Jahre 903 nach unseres Herrn Geburt hier bei Buchau gefallen waren. In diesen Nebeln wabern auch die Geister jener drei Grafensöhne, die ihre Schwester, eine ins Buchauer Kloster hineingezwungene Nonne, entführten. Sie waren nur bis an den gelben Rand des Sees gelangt, als aus der Tiefe die Feinde entgegenkamen, um ihnen die Köpfe und das Nönnlein abzunehmen. Schaust du indes näher hin, so siehst du alle hochadeligen Stiftsfräulein prächtig vorüberwallen, die im Laufe der Jahrhunderte gekommen und gegangen waren: Helena von Heinrichsburg, die Bucklige; Richildis von Warthausen, an der sich der Kaiser Rotbart vergangen hatte; Helwiga von Ummendorf, die junge, ausgekochte Witwe, die sich jahrelang als Fräulein zu tarnen gewußt; Kunrada von Winterstetten, die mit einem Stiftsgärtner heimlich davongeschlichen war; und nicht zuletzt jene vier edlen Damen, die dem herrlichen Bildschnitzermeister der Buchauer »Marienklage« Modell gestanden waren; es hieß, sie seien, weil jener ihre Liebe verschmäht hatte, in einer Septembernacht gemeinsam in den See gegangen. Oder die vieledle Ameley von Stein auf Seekirch, die unter den Fürstäbtissinnen die frömmste war. Benedikta von Ellerbach, die alle Stiftsdamen wegen einer unheilbaren Krankheit wie eine Aussätzige gemieden hatten. Udalrika von Katzenstein, die während eines

Wetters in wunderbarer Weise über den Federsee geritten und nicht untergegangen war, hatte sie doch ihrem Roß den Rosenkranz um den Hals gehängt.

Das Luisle erschauderte beim Anblick dieses wirren Lebens im Nebel und schaute zum Feldkreuz empor. Und da blickte ihr die ehrwürdige Mutter Rosa von Reute geradeaus ins Gesicht!

»Ich komme, Ehrwürdige!« sagte das Haldenluisle halblaut vor sich hin und kehrte ins Heiliggeistspital zurück. Ein kühler Nachtwind hauchte sie jetzt an und zog vorüber, weiter übers schwäbische Land. –

Es war Ende Oktober 1881, und ein kalter Winter meldete sich an, als das Haldenluisle im Schlößle zu Reute eintraf.

»Ich habe an dich gedacht«, sagte die Mater Rosa, »aber ich habe nicht gewußt, woher du bist; sonst hätte ich dir geschrieben.«

»Jetzt bin ich ja da, ehrwürdige Mutter. Was hättet Ihr denn gewollt?«

»Liebe Schwester, bei uns fangen heut abend die Exerzitien an; du solltest sie mitmachen!«

»Exerzitien?« Das Luisle überlegte. »Macht man die nicht, wenn man sein Leben ändern will? Ich will mein Leben nicht ändern, wo ich mich gerade mit Ach und Krach dreingefunden hab!«

»Bleib trotzdem da, Schwester!« Das klang so fein und gebietend zugleich, daß das Luisle keine Widerrede wagte.

Zum Abendessen führte die Gastschwester sie ins Refektorium, gleich als wäre sie eine Nonne wie die hundertfünfzig anderen. Hundertfünfzig! So viele hatte sie noch nie auf einem Haufen beisammen gesehen. Sie bekam ihren Platz und ein Mundtuch dazu. Mit dem Tuch verstand sie freilich noch nicht umzugehen; darum beobachtete sie die anderen. Da flüsterte ihr jedoch die Gastschwester zu, es schicke sich nicht, während der geistlichen

Tischlesung herumzuschauen. Also schaute sie wie die anderen vor sich auf den Teller. Dabei dachte sie: Ich in dieses Kloster? Da kämt ihr mir geschlichen! – Und sie freute sich, daß die Mater Rosa ihr vor zehn Jahren jenes energische »Nein!« gesagt hatte.

Nach dem Abendessen zog die große Schwesternschar, zwei und zwei, die Hände in die Ärmel geborgen, zur neuen Kapelle im Nordflügel des Klosterbaues. Mit geneigten Häuptern, die Augen zu Boden gerichtet, betraten sie in einer Art Schleifgang das Gotteshaus. Vorne im Altarraum stand ein Tischchen mit Stuhl, davor ein junger geistlicher Herr mit einem markanten Gesicht. Er schaute dem Einzug der Nonnen zu.

Als sich alle in die Bänke gereiht hatten und immer noch sittsam vor sich niederblickten, sprach er: »Herr, gib ihnen die ewige Ruhe!«

Zunächst Schweigen.

Alle schauten auf.

Dann schauten sie sich gegenseitig an und antworteten stotternd und wirr durcheinander: »Das ewige Licht leuchte ihnen!« Wem sollte es denn leuchten? Sie hatten doch niemanden begraben!

»Herr, laß sie ruhen in Frieden!« sprach er wieder, und sie entgegneten: »Amen«.

»So, meine lieben Schwestern«, fuhr er fort, »haben wir also unserer Toten gedacht. Denn dazu waret ihr ja offensichtlich hier hereingekommen mit eurer Leichenbittermiene. Nun bin ich aber nicht aus Freiburg da, um mit euch Beerdigung zu feiern. Es hieß, ich sollte Exerzitienvorträge halten. Nachdem nun Exerzitien eine Sache des Herzens sind und der fromme Mensch ein fröhlich Herz haben soll, bitte ich euch, hinauszugehen und dann, der neuen Situation angepaßt, wieder hereinzukommen!«

Da fingen die jüngeren Nonnen an zu wispern und sogar ganz verhalten zu kichern. Die reiferen Matronen wußten nicht recht: Sollten sie oder sollten sie nicht? Nur die überreifen beharrten auf der Würde ihrer herabhängenden Gesichter. Aber auch sie verließen die Kapelle. Die Mutter Oberin versammelte draußen mit Händeklatschen die getreue Schar zu einer losen Ordnung. Und weil sie selbst einigermaßen verklärt dreinschaute, fühlten sich die Nönnlein ermuntert, ihre schwellenden Lippen zu wölben, während die Nonnen die Schultern leicht zurücknahmen, was ihnen einen beschwingteren Gang verlieh. So vollzog sich der Einzug noch einmal.

Der junge Geistliche lächelte und zeigte einen Kranz gesunder Zähne. Er wandte sich, nachdem wieder alle beisammen waren, dem Altar zu und sprach ein Gebet zum Heiligen Geist, damit er in den Herzen dieser Schwestern das Feuer seiner Liebe entzünde. Darauf setzte er sich an den kleinen Tisch, bedeutete ihnen, sich ebenfalls zu setzen, und begann: »Ich heiße Paul Wilhelm Keppler. Ich unterrichte die Lehre von Gott und den göttlichen Dingen. Zu diesen letztgenannten gehört auch die Freude. Nachdem ich nun auch zu euch – wie die Frau Oberin gemeint hat – über Göttliches reden soll, werde ich also über die Freude reden. Mehr Freude! – das soll der Leitgedanke dieser Exerzitien sein!«

Nach diesen paar Worten war es, als hätte sich über der klösterlichen Gemeinde der Himmel aufgeheitert. Die Augen der jungen Schwestern leuchteten, und auch in denen der älteren funkelte ein Splitter von Licht.

Der junge Theologe führte dann aus, daß die Selbsterziehung zur Freudigkeit ein Hauptpunkt gesunder Lebensführung sei, und schloß seinen ersten Vortrag so: »Es kann also die Freude unsere Kraft und Leistungsfähigkeit verdoppeln. Sie bringt Schwung in unser Wollen und Schaffen, macht uns wagemutig und unverzagt. Aus der Freude werden große Entschlüsse und edle Taten geboren. Über Widerwärtigkeiten hilft sie spielend weg.

Sie wirkt veredelnd, macht empfänglich für das Gute, Wahre und Schöne und hält das niedrige Triebleben in Schach. Selbst bei euch, liebe Schwestern, die ihr schon durch den Herbst eurer Tage schreitet und über dieses und jenes Weh zu klagen habt, selbst bei euch vermag die Fröhlichkeit wahre Wunder der Genesung zu wirken!«

Das Haldenluisle hinten in der letzten Bank sog diese Worte in sich hinein wie der Verdurstende das Wasser. Freude — hatte er gesagt — hilft über Widerwärtigkeiten spielend weg. Sie braucht sich also nur zu freuen! Ja, und hat sie nicht allen Grund zur Freude? Sie ist gesund; der Vater konnte ihr eine gute Schulausbildung bezahlen; sie hat, was sie zum Leben braucht, erfreut sich des Vertrauens und sogar der Verehrung ihrer Mitmenschen. Sie hat ein Dach über dem Kopf, leidet nicht Mangel an Schuhzeug und Kleidung, braucht sich nicht zu schinden und zu plagen wie die Bauern oder die Fabrikarbeiter. Sie kommt in der Welt herum und hat schon Menschen aller Schattierungen kennengelernt. Und nicht zuletzt: Sie kann glauben und beten. Sind das nicht lauter Ursachen, sich zu freuen? — Daß sie aber dieses und jenes nicht hat? — Nun, welcher Mensch hat denn alles!

Fünf Tage lang unterwies der Geistliche die Schwestern über die Vielgestalt der Freude. Er fächerte ihnen die Möglichkeiten auf, sie zu gewinnen, und unterließ nicht, vor Trübseligkeit, Kümmernis und Pessimismus als den Totengräbern aller körperlichen Beschwingtheit und seelischen Harmonie zu warnen.

Am letzten Abend — die Sonne war schon untergegangen — lud er die Schwestern zu einem »Laternenfest« ein. Sie mußten ihre Kerzenlichter in Tüten aus buntem Seidenpapier hüllen und damit in die Quadratur des klösterlichen Innenhofes einziehen. Es war ein seltenes Bild: die vielen Lichter, die sich hundertemal in den Fenster widerspiegelten. Dann bat er die Schwestern, mit ihm das

Lied »Das Lieben bringt groß Freud« zu singen und sich dabei in rhythmischen Tanzschritten zu schwingen. Und er machte es ihnen gleich vor. Da sah man, besonders bei den Damen vorgeschrittener Jahreszeit, die wildesten Gliederverrenkungen, so daß bald ein allgemeines Lachen und Jauchzen durch den ganzen Klosterhof erschallte. Von einem Gesang war da nichts mehr zu vernehmen; ringsum nur noch der Glanz fröhlich lachender Gesichter.

Paul Wilhelm Keppler gab dann ein Zeichen und sprach: »Welch Glück, liebe Schwestern, daß wir noch über uns selbst lachen können! So können wir uns gesundlachen, können uns die alltägliche Nörgelei und Verbissenheit von der Seele lachen und lernen, mit glänzenden Augen in die Welt zu blicken. Mein Wunsch am Schluß dieser Einkehrtage: Gott schenke uns allzeit dieses gesegnete Gelächter!«

Jede Schwester hatte während der Exerzitien mindestens einmal bei Keppler vorgesprochen. Er war auf ihre Nöte eingegangen und mit ihren Lastern – wenn sie solche hatten – zu Gericht gesessen. Das Haldenluisle hatte sich nicht zu ihm getraut; warum, wußte sie selber nicht. Jetzt am Schluß bedauerte sie's. Gleichwohl nahm sie nach den verflossenen zehn Jahren innerer Niedergeschlagenheit von Reute das Bewußtsein mit nach Hause, daß der Fröhliche – komme, was immer! – glücklicher lebt. Und schon zu den bevorstehenden Weihnachten wollte sie ihre Krippe um eine Szene bereichern: Auf den Fluren von Bethlehem wiegen sich die Hirten im Laternentanz.

Vom Thronfolger

In jenen Spätherbsttagen kehrte ein anderes Luisle auf die Halde nach Munderkingen zurück. Nicht daß ihr seelischer Wandel groß aufgefallen wäre; aber in Kleinigkeiten zeigte sich's: Das Tempo ihrer kurzen Schritte wurde etwas flotter, und in ihren leuchtenden dunkelbraunen Augen hatte sich ein kleiner, spitzbübischer Schalk eingenistet, der unaufhörlich zwinkerte. Hatte man sie vorher allenthalben gern gemocht, jetzt begann man sie zu lieben wie ein Schmuckstück, das man täglich trägt. Sie strahlte soviel Unbefangenheit aus, daß jeder, der mit ihr ins Gespräch kam, leicht und fröhlich wurde. War ihre Wallfahrtszeit wieder nahe und kehrte sie dann bei den Leuten ein — ob in den Wirtshäusern, in den Kaufläden oder gar im Rathaus —, so empfing man sie mit Freundlichkeit wie einen Gast, den man erwartet hat, dem man ein Geschenk gibt und dem man nachwinkt, wenn er wieder geht.

So kam denn das Jahr 1888, in welchem der österreichische Kaiser Franz Joseph das vierzigste Jubiläum seiner Thronbesteigung festlich begehen wollte. Weil nun die fünf sogenannten Donaustädte Riedlingen, Munderkingen, Mengen, Saulgau und Waldsee seit dem 13. Jahrhundert fünfhundert Jahre lang zu Vorderösterreich gehört und ihre Stadtrechte unter dem habsburgischen Doppeladler erworben hatten, beschlossen ihre Schultheiße, Syndikusse und Amtsnotare, mit einer Huldigungsadresse nach Wien zu reisen. Das war zwar Württemberg gegenüber kein besonders regierungsfreundlicher Akt, konnte jedoch kaum geahndet werden, nachdem König Karl wie auch seine russische Gemahlin es jetzt sowieso eher mit Wien als mit Berlin hielten.

Die Munderkinger drei munizipalen Würdenträger kamen nun überein, das Haldenluisle als Vertreterin der städtischen Bevölkerung mitzunehmen, denn bei jeder anderen Person hätten sie den Neid der Masse befürchten müssen. Außerdem wußten sie um die sogenannte weltmännische Erfahrung, die das Luisle wie kaum sonst einer besaß. Nur legten sie ihr während der Eisenbahnfahrt über Augsburg und Regensburg nahe, die Leute nicht mit »Ihr«, sondern mit »Sie« anzusprechen; die Zeiten hätten sich eben geändert. Doch sie lächelte bloß und meinte: »Hat mich die Königin von Württemberg verstanden, wird's der Kaiser von Österreich auch!« Dabei war nicht entfernt daran zu denken, daß die fünf Delegationen der Donaustädte überhaupt zum Kaiser kämen.

In Wien, wo sie angemeldet waren, holte man sie mit Fiakern auf Gummirädern ab und brachte sie in ein Vorstadtgasthaus unter blühenden Kastanienbäumen. Da hörten sie am Abend Schrammeln und Geigen, da gab es heiße Würstl und kalten Wein. Nach zwei Tagen sollte in Schönbrunn die große Parade sein, wo sie bei Seiner kaiserlichen Majestät ihre Huldigung anbringen durften.

Diese Parade bei der Schloßauffahrt! Diese Uniformen! Diese weißen, spitzenbesetzten Sonnenschirmchen über den hochaufgetürmten Frisuren! Diese Schleppkleider aus Brokat! Diese Schwaden schwebender Parfümdüfte! Und diese Fächer aus exotischen Vogelfedern, hinter denen sich die Sperrfeuer giftiger Weiberzungen entluden! Aber auch das Haldenluisle im langen schwarzen Kleid, mit der weißen Samtblume auf der rechten Seite, war nicht die Letzte unter den anstehenden Frauen! Ihre drei Begleiter, die sie wie Paladine in ihre Mitte genommen hatten, wußten das und waren stolz auf das zarte Geschöpf, das es bei der Eleganz der Figur mit einer Zwanzigjährigen hätte aufnehmen können. Die Deputationen der vier anderen Donaustädte, die rechts und links standen, waren unbeweibt und ärgerten sich darüber; schließlich hätten wohl auch sie in ihrem Burgfrieden die eine oder andere gehabt, die repräsentabel gewesen wäre, obwohl — und das mußten sie den Munderkingern lassen — diese Kleine außerordentlich viel Charme besaß. So was gehört zu den raren Jahrgängen!

Nun erklang von ferne Marschmusik. Die Kaiserjäger im Federhut zogen auf. Dann in Kutschen die Mitglieder des Kaiserhauses, erst die zweitrangigen, hinter ihnen der Thronfolger Erzherzog Rudolph mit seiner Gemahlin, der Prinzessin Stephanie von Belgien. Er machte einen abgewirtschafteten Eindruck und hatte eitrige Augen; sie sah verhärmt aus und war nicht schön. Es folgte eine prachtvolle Eskorte berittener ungarischer Magnaten, dahinter im Prunkwagen der Kaiser Franz Joseph allein; seine Gemahlin Elisabeth, Europas schönste Frau, befand sich zur Kur auf der Insel Korfu.

Auf der weiten Schloßveranda standen zwei Thronstühle und etwa zwanzig Sessel. Das Haus Habsburg setzte sich, das Defilee der Gratulanten begann. Nach fast einer Stunde war die Reihe an den Donaustädten. In Abständen schritten sie, je vier und vier, auf die Majestät zu; ein Adjutant nannte den Namen ihrer Stadt. Niemand brauchte den Mund aufzutun, sondern die Schultheiße übergaben einfach mit tiefer Verbeugung die pergamentene Huldigung. Franz Joseph nahm sie gelangweilt an und übergab sie einem Flügeladjutanten. Der reichte sie ebenfalls weiter, bis sie auf einem großen Tisch im Hintergrund auf andere ihresgleichen lieblos zu liegen kam.

Anderen Tags erhielten die fünf Stadtschultheiße je eine große kaiserliche Gedenkmünze in Gold und zweihundert Gulden für die Reise. Gemeinsam besuchten sie noch die Rotunde und das Riesenrad, aßen auch — nachdem sie jetzt hinreichend Geld hatten — ein zünftiges Backhendl. Dabei erklärte jedoch das Luisle den neunzehn Männern, sie habe schon Besseres gegessen. Schlagfertig entgegnete ihr der Munderkinger Syndikus: »Da sieht man's, was du mit unseren Wallfahrtsgroschen machst!« Und alle lachten herzlich, während ihnen das Backhendlfett übers Kinn lief.

Von zwei Abschieden

In jenen neunziger Jahren mußte der Daniel häufiger als bislang nach Tirol fahren, um dort Wein zu holen, denn der neue Ochsenwirt, der Sohn des alten, hatte die Allerweltswirtschaft umgestellt und ihr den Charakter eines Weinhauses gegeben: »Weinhaus zum Ochsen«! Er hatte auch die gesamte Inneneinrichtung umkrempeln und neu einrichten lassen. Und der Wein floß.

Das Haldenluisle fuhr fast jedesmal mit, wenn der Daniel wieder eine Tour hatte, denn so brauchte sie erst von Lindau aus weiterzupilgern oder, falls es die Witterung nicht zuließ, mit der Eisenbahn zu fahren. Zwar kam sie immer noch daher wie eine Vierzigjährige, aber sie spürte, daß Mäßigung geboten war.

Es war in der Osterzeit 1898, und der Daniel spannte die schweren Brabanter ein. Das Luisle hatte den Jungwirt gebeten, ihn so fahren zu lassen, daß sie zum »Blutfreitag«, also nach Himmelfahrt, in Weingarten wären, weil sie bei der großen Prozession mit der Reliquie des heiligen Bluts noch nie gewesen sei. Der hatte nichts dagegen.

So fuhren sie denn auf der historischen Poststraße dahin, die das Luisle ach wie oft schon gepilgert war, und bezogen in Weingarten die vertraute Wirtschaft »Zum alten Ochsen«. Fast wären sie nicht mehr untergekommen, hatten doch die vielen Fremden und Reisenden alle Gaststätten belegt. Nur weil sie zum Gästestamm gehörten, räumte der Wirt dem Luisle noch ein fensterloses Kämmerchen ein; der Daniel kampierte sowieso bei den Rössern.

Um sechs Uhr früh eröffnete ein Posaunenchor das größte oberschwäbische Kirchenfest in der größten deutschen Barockkirche. Dreißig Bläser, aufgeteilt auf die drei äußeren Ballustraden der ovalen Vorhalle, kündeten den Beginn der Feier an. Wer bis da noch nicht aus den Federn gefunden hatte, mußte sich beeilen, wollte er am Randstein der Hauptstraße noch einen Platz finden, um die zweitausend Berittenen zu sehen. In diesem herrlich bunten Reiterzug trug der ebenfalls berittene Ortspfarrer das kostbare Reliquiar. Es dauerte fast vier Stunden, ehe die gewaltige Prozession beendet war. Geduldig hatte das Haldenluisle am Straßenrand ausgeharrt und andächtig den Segen mit der Heilig-Blut-Reliquie empfangen. Dann zog sie mit dem Heer der frommen Beter in das herrliche Münster, um dort an dem feierlichen Gottesdienst zum Abschluß des großen Tages teilzunehmen.

Zu einem schlichten Mittagessen traf sich das Luisle mit dem Daniel wieder im »Alten Ochsen«. Sie waren bald fertig mit der geschmälzten Brotsuppe und der großen Bauernwurst darin. Das Luisle zahlte, während der Daniel die Pferde aus dem Stall zog, um sie an den Wagen zu spannen. Nun hatte da in der Wirtschaft auch ein Herr aus der Hamburger Gegend übernachtet, der einen bissigen Köter mit sich führte, welcher in seinem ganzen schäbigen norddeutschen Hundeleben noch keine Pferde gesehen hatte. Als der Daniel gerade seinen Handgaul ans Ortscheit knebeln wollte, stürzte das Hundsvieh zur Haustüre heraus und fiel dem Roß in die Weichen. Vor Schreck und Schmerz bäumte es sich auf und schlug dann mächtig nach hinten aus. Daniel hatte sich zum Ortscheit niedergebeugt. Er wurde vom eisenbeschlagenen Huf voll in die rechte Gesichtshälfte getroffen und gute drei Meter weggeschleudert. Das Luisle sah es gerade noch mit an, als sie ebenfalls zur Haustür heraustrat. Sie stürzte gleich zu ihm hin. Blut rann aus Mund und Nase. Dann verfärbte er sich und wurde blau. Und dann war es aus. Es dauerte nicht lange, da kam auch ein Arzt vorbei, er konnte aber nur noch den Tod feststellen.

Der norddeutsche Herr, den der Wirt gewaltig anfauchte, hob ein mordsmäßiges Geschrei an und redete ununterbrochen aufs Luisle ein. Sie scherte sich nicht um ihn, sondern bat ein paar Herumstehende, den Toten auf die Strohschütten zu betten, die am Wagen lagen. Dann spannte sie die Brabanter noch vollends ein, nahm die Zügel und fuhr davon, heimwärts. Sie fuhr auch die Nacht hindurch und war am Abend des anderen Tages in Munderkingen.

Keinem Patrizier der Stadt war je ein solches Totengedenken und Leichenbegängnis zuteil geworden wie dem armen Knechte Daniel Menz, dessen urgraue Ahnfrau die Ratsmannen anno 1592 als Hexe verbrannt hatten. Sie hatten ihm einen besonderen Eichensarg machen lassen und seine Kriegsauszeichnung auf einem schwarzen Samtkissen daraufgelegt. Er besaß keine Verwandten. Das Haldenluisle ging ganz allein wie die nachgelassene Witwe hintendrein, angetan mit dem langen schwarzen Kleid, doch ohne die weiße Blume. Und die Frauen im Trauerzug raunten einander zu: »Do ischt des Weible bald siebzig Jahr alt — und die Figur!«

Einige Tage, nachdem sie den Daniel ins große Grab gelegt hatten, das für verdiente Bürger von der Stadt bereitgestellt worden war, begab sich das Haldenluisle abermals auf die Wallfahrt. Überall grünte und blühte es, und der Himmel war blau und der Maiwind wehte, und der liebe Herrgott droben hatte die Fenster aufgemacht und schaute voller Freude herunter aufs Schwabenland. Der Bodensee leuchtete, im Rorschacher Friedhof an der Mauer schwelgte in üppiger Fülle ein herrlicher Ginsterbusch und schien sich übers Haldenluisle zu freuen, als sie wieder einmal, wie schon oft, sieben Nelken aufs Grab des königlich-württembergischen Hoflampisten legte.

In Einsiedeln, wo man sie schon lange wie einen stets willkommenen Gast behandelte, ging sie beichten wie jedesmal. Danach fragte sie den unbekannten Beichtiger, dessen Gesicht sie nicht erkennen konnte, der aber wegen seiner zahnlosen Rede schon sehr alt sein mußte, wieso ihr der Himmel bisher Vorahnungen eingegeben habe über fremde Dinge und fremde Leut, über die nächsten aber nicht. Nach einer Weile antwortete der greise Mönch: »Siehst du, liebe Tochter, das ist nun einmal deine Last. Manche sehen nur das Vordergründige, manche sehen auch das Hintergründige, manche sehen gar das Unsichtbare. Keinem aber ist es erlaubt, mit dem Herrn zu rechten über das, was er sehen und nicht sehen darf, selbst wenn ihm die Gesichte eine Last sind — deine Last, liebe Tochter! Geh jetzt in Frieden und trag sie weiter!«

Ehe sie Einsiedeln verließ, besuchte sie noch kurz den Klosterfriedhof und betete am Grabe des Bruders Anton Krug aus Kißlegg, der als ein uralter Mann — sechsundneunzig Jahre, hatten sie gesagt — im vergangenen Winter verschieden war. Wieder ein braver Schwab weniger! dachte sie und lächelte.

Auf Schloß Seefeld, wo sie hineinschaute, erfuhr sie, daß die Cilly auch schon gestorben war, nachdem sie noch die Freude erlebt hatte, von der neuen Frau Königin kurz zuvor zur Schafferin ernannt worden zu sein. Überall Tote! dachte sich das Luisle. Da soll's einen noch freuen!

Aber sie freute sich dennoch, daß sie lebte, und vor allem, daß sie noch gesund war.

Vierzehn Tage später: Sie kehrte abends wieder im Heiliggeistspital zu Buchau ein. Am anderen Morgen ging sie noch zum Frühgottesdienst in die Spitalkapelle, weil Sonntag war. Als die »Spitaler«, die armen, kranken Leut, die um der Liebe Christi willen hier gepflegt und ernährt wurden, nach der Messe die Kapelle verließen, erkannte das Haldenluisle in einer alten, gekrümmten Frau die Anna vom Freihof in Ertingen. Beim anschließenden Hirsebrei im Refektorium — so nannten sie den kleinen Speisesaal — durfte sich das Luisle nicht zur Anna setzen. Die Anna und noch zwei andere hatten ihren Platz an einem eigenen Tisch in der Ecke und aßen von Tellern und mit Löffeln, die mit einer Kette an der Wand befestigt waren, so daß man sie nicht austauschen konnte. Noch während des Frühstücks kam der neue Spitalmeister, ein Mann in den besten Jahren, zum Luisle und flüsterte ihr ins Ohr: »Wenn Sie mit der Anna reden, bitte keine Berührung und ja keinen Kuß!«

Danach gingen die beiden Frauen im gewölbten Kreuzgang auf und ab.

»Er wird's Euch g'sagt habe, was mit mir ischt!« begann Anna.

»Aber Anna, wir waren doch miteinander per du! Und g'sagt hat er mir nix über dich; aber i kann mir's denke, nach dem, was ich g'sehe hab.«

Da begann die Anna zu erzählen:

Zwei knappe Jährlein hatte sie auf dem Ertinger Freihof als Verwalterin und Gespielin des Bauern verbracht, dann war sie von ihm aus Überdruß abermals davongejagt worden. Für immer. Und dann hatte ihr Niedergang begonnen. Magd hier, Magd dort. Magd in der Herrenkammer, Magd in der Knechtekammer. Magd in den Kasernen, Magd bei Manövern. Magd bei den Zirkusleuten, Magd bei den Fahrenden und bei den Bettelleuten. Das war das Ende. Man hatte sie aufgeklaubt in der Winternacht, hatte sie zu den Heiliggeistbrüdern nach Buchau gebracht — hier wird sie warten, bis die Uhrzeiger auf zwölf rücken. Lebt wohl dann, ihr alle, denen ich nur der Gegenstand niedriger Ergötzlichkeit war! Nicht genug, daß ihr mich verdorben habt, ihr habt mich weggeworfen, so weit weg, daß ich nicht einmal mehr von einem Teller essen darf, sondern aus dem angeketteten Blechnapf fressen muß, damit ich euch nicht anstecke und nicht vergifte!

»So was derfscht net sage, Anna! Du muscht schaffe; des befreit!«

»Schaffe? I hab net Kraft und net Saft zum Schaffe! Wenn i im Schweinestall hinte einmal im Tag ausmischt, tut mir zwei Tag lang 's Herz weh.«

Die beiden siebzigjährigen Frauen schwiegen. Beide sahen den himmelweiten Unterschied, der sie trennte: Das Luisle war gertenschlank und schritt daher wie eine Kammerjungfer; die Anna hinkte mit gekrümmtem Buckel neben ihr, stützte sich mühsam auf einen Stock und keuchte bei jedem Satz, den sie sprach. Doch nicht bloß äußerlich — auch ihre Herzen waren einander fremd: Die eine voll strahlenden Gottvertrauens und seliger Zufriedenheit; die andere, ausgebrannt, verbittert und voller Haß, fühlte sich vom Leben betrogen und lastete alle Schuld ihrer Umwelt an. Da war kein Zusammenfinden möglich. Das Luisle versuchte zwar, der Anna das stille Glück des Betens begreiflich zu machen, doch vergebens. Dieser Brunnen war zugeschüttet — wenn es überhaupt einen solchen je gegeben hatte!

Als dann die Glocke zum Mittagessen rief, gingen sie auseinander in dem Bewußtsein, daß sie sich nichts zu sagen hatten, weder im guten noch im bösen. Auf Luisles Versicherung, Annas Schicksal der schwarzen Madonna in Einsiedeln vorzutragen, machte sie bloß eine wegwerfende Handbewegung und murmelte etwas von Betschwestern. Und grußlos wandte sie sich ab und verschwand hinter einer niedrigen Tür.

Das Haldenluisle blieb stehen und schaute ihr nach, auch als sie schon längst nicht mehr zu sehen war: Welch ein Weib, diese Anna! ... Ein Weib? ... Ein rassiges Schaf, das jeder, dem's gefiel, geschoren und gemolken hat! ...

Vom Seesturm und vom Gefängnis

Als das Haldenluisle im Herbst von der zweiten Einsiedler Wallfahrt dieses letzten Jahrhundertjahres nach Munderkingen zurückkehrte, war ihr Herz von viel Bitterkeit umdüstert. Die Friedhofsverwaltung von Rorschach hatte das Grab des königlich-württembergischen Hoflampisten Andreas Voigt, das all die Jahrzehnte her beim Kirchturm an der Mauer verschont worden war, nunmehr eingeebnet und das von der Königin Pauline gestiftete Epitaph abgetragen. Das Luisle hatte die mitgebrachten Nelken nur noch ins Ungewisse hinlegen können. Jetzt war ihr der Wallfahrtsweg über Lindau verleidet; sie wollte fortan auf einem anderen zum Heiligtum der schwarzen Madonna pilgern.

Daheim in Munderkingen, im Häuschen unterm Haldenweg, kehrte während des folgenden Winters der Tod ein und holte sich die Schwester Kreszentia. Und weil er schon einmal da war, klopfte er auch gleich im Nachbarhaus an und lud das Weib des Bruders Matthias zum Mitgehen ein. Da war viel Trauer und Trübsal, und das Luisle konnte an diesem Weihnachtsfest erstmals seit fünfzig Jahren die Krippe nicht aufstellen. Darüber waren die Kinder von Munderkingen und aus der Umgebung gar arg enttäuscht, und vielen — auch vielen Älteren — kam es vor, als ob heuer überhaupt kein Weihnachten wär.

Zu Ostern trat das Luisle erstmals ihren neuen Wallfahrtsweg nach Einsiedeln an. Er führte sie über Saulgau nach Pfullendorf und endlich an den Überlinger See nach Birnau. Im Heiligtum von Birnau haben die Künstler dreier Länder die Glut ihrer Herzen zusammengetragen: der Vorarlberger Thumb schuf es, der Böhme Goetz malte es aus, der Bayer Feichtmayr schuf die Stukkaturen.

Ganz besonders erfreute sich das Luisle an dem liebenswürdigen Putto, dem Honigschlecker, der mit seinem Bienenkorb am Altar des heiligen Bernhard stand und die Zunge genüßlich über seinen »süßen Finger« spazieren gehen ließ. Ergriffen hörte sie auch dem Geläut der »stummen Glocke« zu, die voreinst kein Küster zum Klingen bringen konnte, weil sich ein hartnäckiger Teufel an den Schwengel gehängt hatte; erst als ein liebes Kind nach dem Glockenstrange griff, war der Bann gebrochen. Jetzt perlte der silberhelle Klang wie ein Minnelied über Weinberg und Flur hinab ans Ufer und über den See.

Nachmittags kam das Haldenluisle in die edle, einst freie Reichsstadt Meersburg. Auf der Höhe des neuen Schlosses suchte sie sich eine schlichte Herberge und begab sich dann hinab zum Hafen.

Hier hatte ein Dampfbot angelegt, das gewöhnlich die Überfahrt nach Konstanz und weiter in die Schweiz besorgte. Sie wollte es am anderen Morgen benützen. Als sie sich nach der Abfahrtszeit erkundigte, wurde ihr jedoch bedeutet, daß eine Gesellschaft von Touristen das ganze Boot für die bevorstehende Nacht und den ganzen nächsten Tag angemietet habe. Sie hätten auch schon eine erlesene Tanzmusik an Bord gebracht, so daß man mit dem besten Willen nicht wisse, wann das Boot für den üblichen Verkehr wieder verfügbar sein werde.

Tatsächlich sah man auf dem hellen Verdeck galante Männer und Frauen in kostbaren Kostümen herumstolzieren. Man hörte von irgendwoher sich einstimmendes Saitenspiel, und aus der Bootsküche wehten liebliche Düfte herüber zur Landerampe.

Das Luisle überlegte sich: Wer so viel Geld hat wie diese Leut, der könnt doch auch ein paar Groschen übrig haben für ein Vaterunser vor dem Altar der Einsiedler Muttergottes! Und ohne viel Federlesens ging sie am Landesteg vor und betrat das Schiff. Ein Hafenwächter schrie ihr zwar nach, doch sie scherte sich nicht darum. Als sie um den Maschinenraum des Bootes herum aufs Verdeck kam, redete sie sofort eines der lustwandelnden Paare an und fragte, ob sie für sie an heiliger Stätte beten solle. Die beiden schauten einander betroffen an und winkten ein paar andere herbei. Luise John wiederholte ihre Frage und fügte bei, daß sie bereits seit fünfzig Jahren nach Einsiedeln wallfahre und gegen ein Scherflein für die Anliegen und Nöte anderer bete.

Da fing ein junger Mann an zu lachen, und sogleich schloß sich die ganze Gesellschaft dem Lacher an. Bald kamen auch noch andere herbei, so daß das arme Luisle im Nu wie von einer grölenden Meute umstellt war.

Plötzlich schrie einer mitten hinein die Frage: »Wie ist die Betschwester überhaupt aufs Boot gekommen?«

»Ja richtig! Wie war das möglich?«

»Muß man sich denn von diesem Bettelvolk selbst hier belästigen lassen?«

»Schickt doch einen Schiffsjungen zur Hafengendarmerie!«

Und weiter ging das Gehöhne und Geplärr, bis sich 's Luisle sachte umdrehte und zum Gehen wandte. Da kam aber schon mit wuchtigem Dienstschritt ein Uniformierter daher, packte das kleine Weib an der Schulter und schubste sie vor sich her. Oben am Landesteg zückte er sein Dienstbuch und begann auszufragen: Name, woher, wohin? — Was? Auf einer Wallfahrt sei sie? Seit wann geht man denn allein auf Wallfahrt? Wo ist das Vortragskreuz? Wo sind die Fahnen? Wolle sie etwa einem löblichen Gendarmen von Meersburg einen Bären aufbinden? Da sei sie aber trotz ihrer Jahre zu spät aufgestanden! Heute habe er freilich keine Zeit mehr; aber morgen werde er sich ihrer genauer annehmen und vor allem erkunden, was sie auf dem Dampfboot bei den vornehmen Herrschaften gewollt habe! — Was sage sie da? Gebetsgeld habe sie sammeln wollen? Ist doch unglaublich, auf was für Schliche heutzutage die Leut kommen! Schämen sollte sie sich, ihre Landstreicherei auch noch mit der Religion zu bemänteln! Aber man werde sie morgen oder übermorgen den Herrschaften gegenüberstellen, und in Munderkingen werde man auch nachfragen! Und jetzt ab ins Rathaus! Dort habe man für solches Gelichter ein paar niedliche Zimmerchen eingerichtet, darin einer im Laufe der Zeit ganz schön zur Besinnung komme!

Das Haldenluisle erkannte, daß mit diesem Mann kein gedeihliches Wort zu reden war, und fügte sich ins Unabwendbare. Sie wurde im Rathauskeller in eine dumpfige Zelle eingesperrt, ohne Licht und ohne Nahrung. –

Inzwischen hatten sich die Herrschaften auf dem Dampfboot – lauter Söhne und Töchter von betuchten Geschäftsleuten aus dem Rheinland – wieder einigermaßen gefangen und richteten sich für die nächtliche Rundfahrt auf dem Bodensee ein. Die Schiffsjungen zündeten die eisernen Bootslaternen an, die man eigens an der Reling angebracht hatte. Unter Deck aber waren Mädchen beschäftigt, die Kabinenbetten mit duftender Wäsche zu versehen, denn die Gäste wollten sich gegen Morgen dahin zurückziehen.

Jetzt machte der Bootseigner in weißer Uniform einen ersten Inspektionsgang. Er salutierte ergebenst nach hierhin und dorthin, grinste wie ein Pferd und erkundigte sich bisweilen nach dem werten Befinden. Schließlich kam er zum Steuermann, einem wortkargen Lindauer.

»Wann wollen wir ablegen?« fragte er gönnerhaft.

»Am besten gar nicht!« brummte der andere.

»Gar nicht? Was soll das heißen?«

»Schaut Euch dort den Sonnenuntergang an, dann wißt Ihr's!«

Beide schauten hin. Freilich, das war ein roter Sonnenuntergang, der keinen schönen Morgen verhieß. Diese

Abendröte war giftig und tat dem Auge weh. Und es schien, als ob sich gelbe Wolkenfetzen durch sie hinzögen, bald strähnig, bald aufwirbelnd wie der Wind in einem Krauskopf.

»Was ist das schon!« beruhigte der Herr. »Haltet Euch in Ufernähe, so kann nichts passieren!«

»Mir soll's recht sein!« Der Steuermann wandte sich schwerfällig zur Seite.

Herr Konrad Sterzer, dem das Boot gehörte, begab sich jetzt in den Maschinenraum. Die zwei Heizer, rußig und schweißbedeckt, bleckten die Zähne, als sie ihn kommen sahen, und man wußte nicht, ob das die Zähne des Lächelns oder die des Zerfleischens waren.

»Können wir?« fragte er.

»Warum nicht?« entgegnete der eine, und der andere spuckte in den Kohlenhaufen.

Schlag acht Uhr — es war völlig finster geworden, und ein warmer Hauch strich von Konstanz her — rasselte die Ankerkette. Dumpf stampften die geölten Kolben der Motoren, die Schaufelräder griffen schwer ins Wasser, so schwer, als wären sie gezwungen, einen Spätzleteig zu rühren. Ob der Bodensee heut nacht böse ist, weil man ihn befährt?

Sachte drehte sich das stattliche Boot auf Südwest, und unter den Rädern begann es zu rauschen. Der Steuermann schaute bald auf den Kompaß, bald starrte er in die unheimliche Nacht. Konrad Sterzer trat wieder an ihn heran; ihm war's nicht geheuer. Er fragte den Alten, ob er sonst noch eine ungute Beobachtung gemacht habe. Der aber zuckte nur mit den Achseln und gab ihm weiter keine Antwort.

Jetzt begannen die Schiffs- und Küchenjungen auf dem Verdeck die weißen Tafeltische mit feinem Prozellan und silbernen Bestecken zu richten. Der Sterzer schaute ihnen unfreundlich zu und trieb sie da und dort zu größerer

Flinkheit an. So dauerte es denn auch gar nicht lange, bis sich die Herrschaften zu Tisch begeben konnten. Und die köstlichen Speisen marschierten. Zugleich wurden noch köstlichere Weine gereicht. Mit ihnen wuchs die ausgelassene Stimmung, zumal als die acht Musikanten aufzogen. Den Kellnern glückte es nur mit Not, die Tafeln heil abzuservieren und beiseite zu räumen, denn jetzt begann der Tanz.

Ein paar betagtere Herren und Damen unterhielten sich mit dem stramm dienernden Konrad Sterzer, der immer wieder einen scheuen Blick über die Reling warf und im spärlichen Schein der Laternen den Seegang prüfte. Weiß der Himmel, schön sah's nicht aus! Das waren lauter überbreite graue Elefantenrücken; einer stieß den anderen an und drückte ihn weg, und jeder nachfolgende schien der noch stärkere zu sein. Und alle drückten ans Boot, hoben es hoch und senkten es jäh hinab ins Wellental.

Bald hörte die Unterhaltung der Älteren auf, weil es den Damen zu windig wurde. Sie begaben sich hinab in die Kabinen. Die Jungen tanzten und tobten zwar noch weiter, doch auch bei ihnen verflüchtigte sich langsam die Gemütlichkeit. Nicht wenige vertrugen das Schlingern des Schiffes nicht, außerdem fielen bereits die Weingläser um.

So verzog sich ein Paar nach dem anderen. Nur die Musikanten spielten auftragsgemäß weiter; bald spielten sie nur noch für den Steuermann und den Sterzer. Aber auch nicht mehr lange, denn schon fegte eine erste flache Woge über Deck. Da packten sie ihre Instrumente ein und verschwanden ebenfalls ins Innere.

»Wißt Ihr, wo wir sind?« fragte der Sterzer den Steuermann.

»Soweit's ging, in Ufernähe! Bald aber geht's nicht mehr!«

»Warum?«

»Weil's uns sonst auf den Strand wirft!« Das klang zornig.

»Und was ratet Ihr?« Das klang demütig.

»Sagt ihnen, sie sollen sich aufs Schlimmste gefaßt machen!«

»Das kann man ihnen nicht sagen! Das gibt eine Panik!«

»Dann macht, was Ihr wollt, aber laßt mir jetzt meine Ruh!«

Immer höher schäumten die Wogenkämme auf, immer mächtiger schlugen sie aufs Deck. Blitze zuckten ringsum auf; den Donner hörte man bei der Härte des grollenden Seegangs nicht. Eine Laterne nach der anderen verlöschte; vergeblich bemühten sich die Schiffsjungen, sie wieder anzuzünden.

»Die Ringe!« schrie ihnen der Steuermann zu.

Da lösten sie die Rettungsringe von der Reling und brachten sie in die Mitte des Bootes, wo ein paar alte Herren standen, die es in den Kabinen nicht mehr ausgehalten hatten. Sie legten sich die Ringe an.

Dann war es stockfinster. Nur wenn ein gelber Blitz vorüberfuhr, erkannte man die haushohen Wogen des aufgerührten Sees.

Fürchterliche Minuten! Fürchterliche Stunden!

Mitternacht war vorüber.

Eben glaubte der Steuermann, einen Leuchtturm blinken gesehen zu haben, als sich mit einer furchtbaren Erschütterung das Boot jäh auf die Seite legte. Ruckartig standen die Motoren. Die alten Männer kollerten an die geneigte Reling und schrien. Bei der nächsten Woge vernahm man ein Krachen und Bersten und Splittern — das Boot legte sich wieder gerade, doch die Motoren streikten weiter.

Sterzer kam nach Steuerbord gerannt: »Was war das?«

»Bringt mir eine Laterne und übernehmt für eine Weile das Steuer!«

Er brachte die Laterne.

Der alte Lindauer nahm sie und griff sich dann an der Reling vor bis mittschiffs. Er leuchtete zur Rechten an der Bordwand hinunter und sah die bitterböse Bescherung: Ein am Ufer losgerissener Nachen war vom Unwetter quer ins Schaufelrad hineingetrieben worden und hatte es völlig zerstört; ein Gutteil des Nachens steckte noch im Gestänge. Bewegungslos war man jetzt den Launen des tobenden Elements preisgegeben.

Er kehrte an seinen Ort zurück im Bewußtsein, daß jetzt von ihm allein ihr aller Schicksal abhing. Er war jedoch guten Mutes, denn man schien das Äußerste des Sturmes überdauert zu haben. Außerdem trieb man auf den Leuchtturm zu; täuschte er sich nicht, dann war es Romanshorn.

»Kümmert Euch, daß wir Licht kriegen!« sagte er zum Sterzer. Der eilte davon wie ein Schiffsjunge. Bald leuchtete vereinzelt eine Laterne auf, eine zweite und noch eine. Auch die alten Herren fingen wieder zu reden an; dabei wippten ihre erregten Schnauzbärte wie Bachstelzenschwänze. Das junge Volk stand und saß unten in den Kabinen, alle hatten Bauchweh, die Dämchen winselten und heulten sich die Schminke von den Backen, so daß manch teures Kleid verdarb. Den Kavalieren grinste die Angst aus den Gesichtern. Deswegen wurde der eine oder andere von ihnen während dieser Nacht im Herzen seiner Schönen glattweg ausradiert und abgeschrieben.

Es hatte aufgehört zu blitzen, die Wogenkämme klatschten nicht mehr aufs Deck, sondern brachen sich schon vor der Reling, ja, täuschte man sich nicht, so mochte man ein leichtes Aufgrauen am Himmel gewahren: den Morgen. Gott sei Dank, der Morgen! –

Auch das Haldenluisle im Rathauskeller zu Meersburg begrüßte mit dankendem Herzen den nahenden Tag. Wenn es ihr auch irgendwie weh tat, als Landstreicherin eingesperrt worden zu sein, so empfand sie doch nicht wenig Trost bei dem Gedanken, daß der heilige Vater Franziskus auch einmal von einem seiner Klosterbrüder verkannt, als Lump und Betrüger bezeichnet und inmitten der Nacht in die nasse Winterkälte hinausgeprügelt worden war.

Etliche Stunden später kam ein Amtsdiener und brachte ihr einen Napf voll geschmälzter Brotsuppe. Der alte Mann war recht redselig und erzählte, das Dampfboot, auf welchem sie gestern der Gendarm aufgegriffen habe, treibe — Gott sei's geklagt! — bewegungsunfähig auf dem See. Bis zur Stunde habe man es wegen des hohen Wellenganges noch nicht abschleppen können; und dabei seien das lauter vornehme Leut gewesen. Der Herr Schultheiß und die Ratsherren hätten sich droben bereits zusammengesetzt, denn der, welcher der Besitzer des Bootes sei, gehöre auch zum Rat; und wenn den Leuten gar etwas passiert sei, was Gott verhütet haben wolle, so könne das für die Stadt ganz dumm hinausgehen.

Während sich die beiden noch angeregt unterhielten, trat der Gendarm von gestern mit einem Höheren, vielleicht einem Obergendarm oder Hauptgendarm, in die Zelle. Alle zwei salutierten, als stünden sie auf Wache, und ersuchten die Frau Luise John in aller Höflichkeit, sie möge mit ihnen in des Herrn Stadtschultheißens Kanzlei kommen.

Das übernächtigte Haldenluisle erhob sich etwas mühsam von der Pritsche, auf der sie die ganze Nacht gekauert war, zupfte sich den Knoten des Kopftuchs zurecht und folgte den Uniformierten über ein paar Treppen hinauf. Da stand eine breite Tür offen, durch die sie zu dritt hineingingen. An einem langen Tisch hatten sich etwa zehn oder zwölf Männer aufgestellt, die jetzt eine artige Verbeugung machten, während der Obergendarm ihnen eine Meldung zuschrie. Das Luisle erschrak förmlich:

Warum der nur so brüllte! Ob die anderen alle schwerhörig waren? Doch dann besann sie sich ihrer Lazarettzeit anno 70 und wunderte sich nicht mehr: Offensichtlich muß alles Uniformierte brüllen, um sich zur Geltung zu bringen.

Nun kam einer der Herren auf sie zu, verneigte sich abermals und sprach: »Als Schultheiß von Meersburg bitte ich Sie, Frau John, um Entschuldigung wegen des Mißgeschicks, das Ihnen durch unseren diensthabenden Wachtmeister gestern widerfahren ist. Er konnte leider nicht wissen, daß er eine um das Vaterland so verdiente Frau vor sich hatte. Es tut uns aufrichtig leid, daß Sie durch ihn in der Ausübung einer religiösen Verrichtung beeinträchtigt wurden. Dürfen wir Ihnen als eine kleine Entschädigung für das bestandene Ungemacht dieses Geschenk überreichen?«

Und er gab ihr ein Kuvert mit fünfzig Gulden.

Das Luisle sagte »Vergelt's Gott!« und machte ihren Knicks aus der Lateinschule, was sich bei ihrer zartgliederigen Gestalt durchaus nicht tölpisch ausnahm. Dann wandte sie sich an den Wachtmeister und langte ihm die Hand hin. Der wußte im Augenblick nicht, was er zuerst tun sollte: salutieren oder ihr ebenfalls die Hand geben. Als er sich endlich schlüssig geworden war, hatte das Haldenluisle mit dem Obergendarm bereits den Rückweg angetreten, der von einer abermaligen Verbeugung der Ratsherren begleitet war.

An diesem und dem nächsten Tag mußte sie wegen des unruhigen Sees noch in der Stadt der einstigen Fürstbischöfe bleiben. Als dann der Bootsverkehr ans Schweizer Ufer wieder aufgenommen wurde, erfuhr sie aus einer Konstanzer Gazette, der nächtliche Sturm habe jenes Schiff so zerstört, daß an seine Ausbesserung nicht mehr zu denken sei. Den Insassen gehe es, abgesehen von den Folgen des Schreckens, ganz leidlich.

Vom Kometen

Das folgende Jahrzehnt verlief im Leben der Luise John so, wie eben das Leben der kleinen Leute verläuft: voll stiller Sorgen, in die sich – wie die Rosinen in den Osterkuchen – ein paar stille Freuden mischen. Man macht davon kein Aufhebens, weder von den Sorgen noch von den Freuden; beide gehören zusammen, und zusammen machen sie das liebe Leben aus.

Sie ging auf Wallfahrt wie eh und je, legte freilich stets einen guten Teil des Weges mit der Bahn zurück. An ihren Ansagegängen jedoch änderte sich nichts, denn sie war ein geselliger Mensch und liebte es, mit den Leuten zu reden. Diese, namentlich die reiferen unter ihnen, betrachteten sie denn auch wie einen Beichtvater oder einen Doktor oder Apotheker; und sie rechtfertigte ihr Vertrauen.

Damals geschah es nun auch, daß die Nachrichtenblätter und Gazetten von der Wiederkehr des Halleyschen Kometen schrieben. Dieser Wanderstern besuche alle sechsundsiebzig Jahre unsere Erde und gelte gemeinhin als Künder nahenden Unheils. So hieß es allenthalben, und man erwartete mit einem Gemisch aus Furcht und Neugier die Ankunft des bösen Gestirns. Wie vorauszusehen war, bemächtigten sich auch etliche abergläubische Sekten der schlimmen Botschaft und kochten, wie schon so oft, ihr Süpplein vom Weltuntergang.

Da gab es sogar einige, die sich mit besonderen prophetischen Gaben ausgerüstet wähnten. Die zogen im oberschwäbischen Land umher und machten die Leut rebellisch. Sie predigten auf Straßen und öffentlichen Plätzen und nannten genau Tag und Stunde, wo die Erde den Schweif des Kometen passieren werde. Das sei dann der entscheidende Moment für alle, die des Herren Ankunft erwarteten, sich auf dem Bussen, dem heiligen Schwabenberge, zu versammeln. Angetan mit weißen Kleidern und mit Blumenkränzen im Haar und Räucherschalen in den Händen, so sollten sie dort oben Lieder singen und dabei Zeugen werden, wenn die Urwasser aus den Tiefen hervorbrächen und alles überfluteten bis hin an die Alpen. Dann werde der Herr kommen und ihnen einen Weg bereiten wie weiland dem Mose durch das Rote Meer hinüber ins Gelobte Land. Aber nur diejenigen, welche das Zeichen der Auserwählten an ihren Hemden trügen, sollten gewürdigt werden.

Um jede Komplikation am bewußten Tage des Heiles zu vermeiden, konnten denn auch die Auserwählten sofort das Zeichen für zwanzig Pfennig erwerben; es war aus gestanztem Weißblech und stellte die französische Lilie dar, hinten mit einer Sicherheitsnadel versehen zum Anheften.

Zwar wurde das Haldenluisle von diesem Weltuntergangsfieber nicht mitgerissen, doch konnte sie sich seines Einflusses aufs Gemüt nicht erwehren. In den Nächten lag sie oft schlaflos da und sinnierte.

Und dann erschien der Komet. Sein Schweif, zweihundertfünfzig Millionen Kilometer lang, durchquerte fast den ganzen Himmel und bedeckte zeitweise die Sonnenscheibe, ohne jedoch deren Strahlkraft auch nur im geringsten abzuschwächen. Auf dem Bussen aber standen sie nächtelang in ihren Hemden und sangen und räucherten, bis ihnen die Stimmen rostig wurden und das Rauchharz ausging. Und weil sich die Bewässerung des Schwabenlandes partout nicht einstellen wollte, blieb den armen Enttäuschten, vom Hunger Zermürbten nichts anderes übrig, als die Hosen wieder anzuziehen und in das Tal der Tränen zurückzukehren.

Adieu!

Dann brach der Weltkrieg aus, und als er zu Ende war, gab es kein Königreich Württemberg mehr. Den deutschen Kaiser hatten sie nach Holland verbannt, den österreichischen gar auf eine Insel. Allenthalben sah es aus, als ob der Geist des unseligen »Erzdemokraten« Mang Mohn fröhliche Urständ feierte. Die Christgläubigen freilich, namentlich die auf dem Land, scharten sich jetzt enger um ihre Pfarrer.

Das Luisle hatte während des Krieges nur dreimal nach Einsiedeln wallfahrten können; die Grenzschwierigkeiten beiderseits des Bodensees waren ihr zu groß, hatte sie doch zweimal unverrichteter Dinge von Meersburg nach Hause zurückkehren müssen. Jetzt war es anders, und der neue Munderkinger Pfarrer Karl Schmid, ein veritabler Doktor der Philosophie und Dompräbendar von Rottenburg, unterstützte sie beflissentlich. Er versicherte ihr sehr oft, daß ihr Beten an heiliger Stätte nicht hoch genug einzuschätzen sei. Er war auch darauf bedacht, daß die alte Frau in diesen Jahren des allgemeinen Hungers stets das Lebensnotwendige hätte.

Da geschah es nun, daß der Herr Bischof Paul Wilhelm von Keppler zur Visitation nach Untermarchtal kam. Hier hatten nämlich Barmherzige Schwestern das hochherrschaftliche Schloß der Herren von Speth erworben und darin ihr Mutterhaus eingerichtet. Und weil dergleichen geistliche Einrichtungen der Autorität des Bischofs unterliegen, war es nur billig, daß er die frommen Frauen besuchte. Zu seiner Begleitung hatte er auch den Munderkinger Stadtpfarrer gebeten, und der wiederum hielt es für angezeigt, der Exzellenz seine älteste Pfarrangehörige und landbekannte Pilgerin vorzustellen.

Die Nonnen ließen es sich nicht nehmen, dem liebenswürdigen Kirchenfürsten trotz der allgemeinen Notlage groß aufzuwarten, sahen sie ihm doch an, daß er schon viel gehungert hatte. Bei dieser Gastierung kam nun das Luisle in die Nähe des Bischofs zu sitzen. Es ergab sich bald ein Gespräch, wobei das Weiblein auch jener Exerzitien in Reute gedachte und des Laternentanzes im Klosterhof. Abschließend meinte sie dann: »Ja, ja, hochwürdiger Herr Bischof, das waren halt noch Zeiten! Und jetzt bin ich neunzig Jahr alt – und immer noch Jungfrau!« Darauf antwortete der von Keppler mit verschmitztem Lächeln: »Das freut mich aber, liebe Frau; bleiben Sie's auch weiterhin!« –

Im Jahre 1922 ging über Munderkingen ein gewaltiges Hagelwetter nieder, das viel Schaden anrichtete, sogar den städtischen Wappenlöwen zerschlug. In Luisles Nachbargarten entwurzelte der Sturm einen Baum, der auf ihr Häuschen fiel und einen Teil des Daches eindrückte. Da konnte man aber erkennen, wie beliebt die Alte in ihrer Stadt war. Wie ein Mann traten die Zimmerleute und Dachdecker zusammen, die Wirte und die Geschäftsleute steuerten Geld bei, und zehn Tage nach dem Unglück stand das Häusle am Haldenweg schöner da als zuvor.

Das war fürs Luisle abermals ein Anlaß, eine Dankeswallfahrt zu machen. Wie die Kerben auf der Latte in ihrer Kammer auswiesen, war es die hundertfünfzigste. Alle Welt wunderte sich und bestaunte die Quicklebendigkeit der alten Frau. –

Im Jahre 1925 schließlich glaubte das Haldenluisle zu erkennen, daß die Zeit ihrer Fahrten langsam abgelaufen war. Sie war nicht krank, weiß Gott nicht! Aber sie fühlte, daß es ihr an der früheren Sicherheit gebrach; und sie wollte anderen Leuten nicht lästig werden. So beschloß sie denn, in diesem Frühjahr zum letzten Mal die schwarze Madonna aufzusuchen. Es war ergreifend, als sie nach drei Tagen des Gebets vor das Gnadenbild trat und das alte Einsiedler Lied still vor sich hinsang:

O Maria, jetzt ist's Zeit,
Daß man von einander scheidt.
Fort, fort, laß uns gehen fort,
Adieu, o du Gnadenort!

O du gnadenreiches Bild!
O Maria, Mutter mild!
O wie hart scheid ich von dir!
O wie gerne blieb ich hier!

Meine Zunge ist mir schwer,
Meine Augen sind voll Zähr;
Nicht mehr hell ist meine Stimm.
Gute Nacht, ich Urlaub nimm!

Vielen Wallfahrern, die in der Nähe standen und das schüttere Stimmchen der alten Frau hörten, wurden die Augen feucht.

Im gleichen Jahr bereitete ihr der Pfarrer Dr. Schmid einen Ehrentag. Darüber hat er selbst in der Pfarrchronik folgenden Bericht niedergeschrieben:

»Am 15. August konnte Luise John (Haldenluis), reine Jungfrau von vierundneunzig Jahren, in voller körperlicher und geistiger Rüstigkeit das diamantene Jubelfest feiern der fünfundsiebzigjährigen Zugehörigkeit zum Dritten Orden. Stadtpfarrer Dr. Schmid hielt am Nachmittag, 3 Uhr, die Festpredigt, wobei die Kirche dicht gefüllt war. Haldenluise erhielt viele Geldgeschenke, nachdem sie mit dem dreifachen Kränzchen (silbernen, goldenen und diamantenen) auf dem Haupte die Profeß erneuert hatte. Haldenluise ist eine eifrige Wallfahrerin. Sie wallfahrtete für sich und andere Leute zu Fuß dreiundachtzigmal nach Einsiedeln und siebzigmal per Bahn.«

Nach diesem Fest wurde es wieder still im Häuschen

am Haldenweg. Nur wenn an lauen Sommerabenden die Fische über den Donauspiegel heraushüpften und nach Fliegen schnappten, kam der um zehn Jahre jüngere Bruder Matthias zu seiner Schwester. Dann saßen sie im Gemüsegärtlein und schwiegen einander an. Das, was in den verflossenen Jahrzehnten ihre Herzen bewegt hatte, war schon zu oft besprochen worden; das, was sich jetzt tat, sei es in München, in Weimar oder sonstwo, brauchte nicht besprochen zu werden. Denn es hatte sie das lange Leben gelehrt: Gewalttätigkeit ist nicht von Dauer, und was auf Lüge gebaut, bricht gleich dem Kartenhaus in sich zusammen. Dies und das war also nicht der Erwähnung wert.

Und so kam schließlich der 29. April 1930. An diesem Tag vollendete das Haldenluisle das neunundneunzigste Lebensjahr. Da war im »Donau-Boten«, dem Munderkinger Lokalblatt, dieser Artikel zu lesen:

»Mit dem Eintritt ins hundertste Lebensjahr darf eine Munderkingerin, Luise John, sich heute einer liebevollen allseitigen Ehrung erfreuen. Die geistlichen und weltlichen Vorsteher der Stadt ehrten mit Geschenken die Matrone, Freunde und Bekannte bringen ihre guten Wünsche dar. Mit der gesamten Einwohnerschaft nehmen auch die auswärtigen Leser des ›Donau-Boten‹ an dem hundertjährigen Erleben sichtlich lebhaften Anteil.

Für den Verleger des Blattes war es heute vormittag eine große Freude, im Auftrage auswärts wohnender Landsleute die Hundertjährige mit einer prächtigen Sendung edlen Rebensaftes beglücken und ein von Ehrfurcht zeugendes Dokument überreichen zu dürfen.«

Dieses Dokument lautet:

»Aachen, im April 1930. – An die Patriarchin von Munderkingen. – Die gestern abend im Hotel ›Großer Monarch‹ versammelten Schwaben der alten Kaiserstadt Aachen haben Unterzeichneten beauftragt, der Patriarchin

von Munderkingen zum hundertsten Geburtstag die herzlichsten Glückwünsche und Gottes reichsten Segen zu übermitteln. Unser aller Wunsch ist, der liebe Gott möge Ihnen noch manches Jährchen gesund und in geistiger Frische schenken! Wir drücken Ihnen im Geiste ehrfurchtsvoll die Hand.

Im Namen Ihrer treuen Landsleute: St. Heitele, Verwalter.«

In einer Nachschrift erklärte dann noch der Schriftleiter des Blattes:

»Für diese Überraschung darf der ›Donau-Bote‹ ein herzliches Vergelt's Gott der Hundertjährigen und ihres neunzigjährigen Bruders Matthias John an die hochherzigen Spender übermitteln. Ewig jung wie die unmittelbar am sonnigen Heim der Haldenluis vorbeiziehenden Donauwellen, in deren Fluten sich die grüne Au der Wiesen widerspiegelt, zogen für die Hundertjährige die Jahre dahin. Ihr Lebensgang soll für uns eine stete liebe Erinnerung bleiben!«

Der Festtag ging vorüber, und das Leben der Jubilarin nahm wieder seinen gewohnten Lauf. Als es Mai geworden war, ließ sie sich nicht abhalten, jeden Abend in die Frauenbergkirche zur Maiandacht zu gehen. Für den Hinweg brauchte sie fast anderthalb Stunden, heimzu nahm sie irgendeiner im Wagen mit. Da stand sie oft droben, ehe sie sich zum Beten ins Gotteshaus zurückzog, an der Umfriedungsmauer und schaute ins blühende Schwabenland hinaus. Und fragten sie die teilnahmsvollen Kirchgänger, wie sie sich fühle, meinte sie lächelnd, wenn man dreiunddreißigtausend Kilometer Fußweg hinter sich habe, seien halt die Füße etwas abgenützt; sonst aber könne sie nicht klagen.

Das Haldenluisle hat überhaupt nie geklagt, auch am 27. Mai nicht, als sie ihren Bruder zum Pfarrer hinüberschickte, er möge ihr die Letzte Ölung bringen, brauche sich aber nicht zu beeilen. Die beiden Männer beeilten sich auch nicht, sondern tranken erst noch einen Schoppen miteinander. Als sie jedoch nach einer guten Stunde an ihr Bett traten, war sie bereits für immer eingeschlafen.

In der Würdigung, die der Pfarrer nach ihrer feierlichen Beerdigung ins Totenbuch schrieb, steht auch der Satz:

»Sie war eine arme, brave Wäscherin, die aber bei ihren vielfachen Beziehungen keinen Mangel litt.«

Selbst der »Osservatore Romano«, die Zeitung des Vatikans, widmete ihr in der Nummer 18, unterm 23. Juni 1930, einen rühmlichen Nachruf. –

*

So endete ein legendäres Leben. Soll man da fragen nach Dichtung und Wahrheit?

INHALT